Hans Baumgarten

Compendium Vocabulorum

Grundwortschatz

Vandenhoeck & Ruprecht

Dieses Werk folgt den neuen Regeln der deutschen Rechtschreibung.

ISBN 3–525–71000–3

Umschlagabbildung: Kapitolinische Museen
(Foto: Antonio Idini)

Einleitung

Dieses Compendium Vocabulorum kommt dem Wunsch vieler Schülerinnen und Schüler nach, den Grundwortschatz auch nach dem Abschluss des Lehrbuchs zur Verfügung zu haben. Das Compendium kann auf beliebige Lehrbücher folgen, weil es über den nötigen Grundwortschatz hinaus weitere Vokabeln enthält.

Das Compendium ist alphabetisch nach Wortgruppen geordnet – in der Hoffnung, dass das den Einblick in den Aufbau der lateinischen Sprache fördert. Vielleicht erleichtert die Verwandtschaft der Wörter das Lernen und Wiederholen. Die Gruppen (Wortfamilien) bestehen aus verwandten Wörtern (die Wortstämme entscheiden). Beispiel: Zu »moenia« gehören »munire«, »munitio« und »murus«. Alle Wörter und ihre Gruppen findet man im alphabetischen Verzeichnis auf den letzten Seiten.

In eckigen Klammern [ ] stehen seltene Grundwörter: [scandere]. Sie brauchen nicht gelernt zu werden.

Bei Substantiven, die nicht zur a-/o-Deklination gehören (porta/hortus), sind Genitiv und Genus angegeben: »viator, -ris m.«, also »viator, viatoris masculinum«.

Ein Schrägstrich / bedeutet »oder«: »ut / uti« heißt »Man kann ut oder uti sagen«; »ira permotus aus/im/vor Zorn« heißt »aus Zorn« oder »im Zorn« oder »vor Zorn«. Er kann auch »vergleiche dagegen« heißen: »alii / ceteri andere / die anderen«.

Die kleinen Zahlen geben an, wie viele Bedeutungen mindestens gelernt werden müssen: »sanus 1.–2.« verlangt die Kenntnis von 1.»gesund« und 2.»vernünftig«; dagegen kann man für »sapiens« je nach Text auf »klug« oder »weise« auch selbst kommen, wenn man nur die eine Bedeutung gelernt hat.

STF verlangt das Lernen der Stammformen.

In runden Klammern ( ) stehen

- weitere Bedeutungen: »videri (er)scheinen« – also »scheinen« oder »erscheinen«;
- weniger häufige Bedeutungen: »conscius (mitwissend) eingeweiht«; »et ... et (sowohl ... als auch); ... und«;
- wörtliche Übersetzungen, die das Wort erklären: »praeesse (vorn stehen) anführen; kommandieren«;

- sachliche Erläuterungen: »veteranus Veteran (gewesener Soldat)«;
- vergleichbare oder entgegengesetzte Begriffe: »res secundae Glück (res adversae Unglück)«.

Oft sind die Klammern durch Kleindruck ersetzt: »mihi curae est es dient mir zur Sorge: es macht mir Sorge ...«; »ut/uti + Konj. 1.–2. 1. final dass; damit; (um) zu 2. konsekutiv sodass«; »Noli me tangere! Rühr mich nicht an! verneinter Imperativ«.

Hinter einem Doppelpunkt : folgen oft engere Bedeutungen: »claudere 1.–2. schließen: 1. abschließen 2. einschließen«; »cum als: während; nachdem«.

a, ab + Abl.		von
a. u. c. = ab urbe condita		seit Gründung der Stadt (753)
acer, acris, acre		scharf; heftig
acies, aciei f.	1.–2.	1. Heer in Kampfordnung; agmen: Heer in Marschordnung 2. Schlacht
acutus		spitz; scharf; scharfsinnig
ad + Akk.		zu; bei
ad eundum		zum Gehen; um zu gehen
ad centum		ungefähr hundert
ad diem		auf den Tag genau: rechtzeitig
ad unum omnes		alle ohne Ausnahme
atque / ac		und
idem atque		derselbe wie
eadem ratione atque		auf dieselbe Weise wie; ebenso wie
alius atque		ein anderer als
aliter atque		anders als
adipisci		erlangen; erreichen
	STF	adipiscor, adeptus sum
aedes, -is f.		Wohnraum; Tempel
aedes, aedium f.		Haus
aedificium		Gebäude
aedificare		bauen
aegrotus		krank
aequus	1.–3.	1. gleich 2. gerecht 3. günstig
aequo animo		mit Gleichmut
iniquus	1.–3.	1. ungleich 2. ungerecht 3. ungünstig
aes, aeris n.	1.–2.	1. Bronze; Erz 2. Geld
aestimare		schätzen
magni aestimare		hoch schätzen
existimare		glauben; meinen
aestas, -tis f.		Sommer
aetas, -tis f.	1.–2.	1. Zeitalter 2. (Lebens-)Alter
aeternus		ewig
ager, agri m.		Feld; Ackerland; Land
agricola		Bauer
agere	1.–2.	1. treiben; betreiben 2. verhandeln
	STF	ago, egi, actum

age! / agite!		auf!
vitam agere		sein Leben verbringen; leben
igitur		also
agmen, -nis n.		Heer in Marschordnung; Heereszug
circumagere		herumführen
cogere	1.–2.	1. zwingen 2. versammeln
	STF	cogo, coegi, coactum
cogitare		denken; beabsichtigen
ait		er sagt / sie sagt
alere		ernähren
	STF	alo, alui, altum
altus	1.–2.	1. hoch 2. tief
altitudo, -dinis f.	1.–2.	1. Höhe 2. Tiefe
adulescens, -ntis m.	1.–2.	1. junger Mann 2. jung
alius		ein anderer
alii / ceteri		andere / die anderen
alius ... alius	1.–2.	1. der eine ... der andere
		2. teils ... teils
alius alia de causa		der eine aus diesem, der andere aus
		jenem Grund;
		jeder aus einem anderen Grund;
		aus je verschiedenen Gründen
alius ac / atque		ein anderer als
aliter ac / atque		anders als
alienus		fremd
alias Adv.		ein andermal; sonst
aliquis, aliquid subst.		(irgend)jemand; (irgend)etwas
aliqui, aliquae,		(irgend)ein; (irgend)eine;
aliquod adjekt.		(irgend)etwas
aliquid novi		etwas Neues
aliquando		einst; irgendwann
alter, -a, -um	1.–2.	1. der eine; der andere 2. der zweite
alter ... alter		der eine ... der andere
amare		lieben
amicus		Freund; befreundet
amicitia		Freundschaft
amor, -ris m.		Liebe
inimicus		Feind; feindlich

amplus	1.–2.	1. groß; weit 2. bedeutend
amplius		mehr
an?		etwa?
ancilla		Sklavin
angustus		eng
anxius		ängstlich
anima		Atem; Seele; Leben
animus		Geist; Herz; Mut
animi hominum		die Menschen
animo deficere		den Mut sinken lassen
in animo habere		vorhaben
animadvertere		bemerken
	STF	animadverto, animadverti, animadversum
animal, -lis n.		Lebewesen; Tier
annus		Jahr
triennium		Zeitraum von drei Jahren; drei Jahre
quotannis		jedes Jahr
ante + Akk.		vor; vorher
paucis diebus ante		wenige Tage vorher
antea		vorher
antiquus		alt
aperire		öffnen
	STF	aperio, aperui, apertum
apertus		offen; ungeschützt
aptus		passend; geeignet
apud + Akk.		bei
coepisse		angefangen haben
coepi		ich habe angefangen; ich fing an
aqua		Wasser
ara		Altar
arbitrari		meinen
arbitrium		Urteil; Entscheidung
arbor, -ris f.		Baum
arcēre	1.–2.	1. abwehren 2. fern halten
exercēre		üben; trainieren
arx, arcis f.		Burg
exercitus, -us m.		Heer

arcessere		herbeirufen
arcus, -us m.		Bogen
ardēre		brennen
	STF	ardeo, arsi, –
arena	1.–2.	1. Sand 2. Kampfbahn
argentum		Silber; (Silber-)Geld
arma, -orum n.		Waffen
armare		bewaffnen
armatus		bewaffnet
ars, artis f.	1.–2.	1. Kunst; Handwerk
		2. Geschicklichkeit
asinus		Esel
asper, -a, -um		rau; unfreundlich
at		jedoch
ater, atra, atrum		schwarz; grauenvoll
atrox, -cis		grässlich
audēre		wagen
	STF	audeo, ausus sum Semideponens
audax	1.–2.	1. kühn 2. frech
audacia	1.–2.	1. Kühnheit 2. Frechheit
audire		hören
oboedire		gehorchen
augēre		vermehren; vergrößern
	STF	augeo, auxi, auctum
augēri		sich vergrößern; zunehmen; wachsen
auctor, -ris m.		Urheber; Anstifter
Iove auctore		auf Juppiters Veranlassung
auctoritas, -tis f.		Ansehen; Einfluss
auxilium		Hilfe
auxilia		Hilfstruppen
auxilio mittere		zu Hilfe schicken
auxiliari		helfen
auris, -is f.		Ohr
aurum		Gold
aureus		golden
aut		oder
aut ... aut		entweder ... oder
autem		aber; jedoch

avaritia		Besitzgier; Geiz
barbarus		Barbar; Nichtrömer
bellum		Krieg
bellum gerere		Krieg führen
bestia		Tier
bibere		trinken
	STF	bibo, bibi, –
blandus		freundlich; schmeichelnd
bonus		gut
bona, -orum n.		Hab und Gut; Besitz
bene Adv.		gut
bene accidit, ut		es trifft sich gut, dass
benigne		wohlwollend
melior, melius		besser
optimus		der beste
bos, bovis m./f.		Rind: Stier / Kuh
brevis, -e		kurz
brevi		bald: in kurzer Zeit; nach kurzer Zeit
brevitas, -tis f.		Kürze
cadere		fallen
	STF	cado, cecidi, –
accidere		sich ereignen
bene accidit, ut		es trifft sich gut, dass
concidere		zusammenbrechen
incidere	1.–2.	1. hineinfallen; in etw. geraten
		2. sich ereignen
casus, -us m.	1.–2.	1. Fall; Ereignis 2. Zufall
casu		zufällig
occasio, -nis f.		Gelegenheit
caedere		fällen; töten
	STF	caedo, cecīdi, caesum
caedes, -is f.		Ermordung; Blutbad
occidere		töten
caelum		Himmel
callidus		schlau
calor, -ris m.		Wärme

9

calidus		warm
campus		Feld; freier Platz
candidatus		Kandidat
canere		singen
	STF	cano, cecini, –
carmen, -nis n.		Lied; Gedicht
canis, -is m./f.		Hund; Hündin
capere		fassen; nehmen; fangen; erobern
	STF	capio, cepi, captum
captivus		Gefangener
accipere	1.–2.	1. annehmen 2. empfangen
decipere		täuschen; betrügen
excipere	1.–2.	1. aufnehmen
		2. eine Ausnahme machen
incipere		anfangen; beginnen
coepisse		angefangen haben
coepi		ich habe angefangen; ich fing an
princeps, -pis m.	1.–2.	1. Führer; Fürst 2. (als) erster
principatus, -us m.	1.–2.	1. Vormacht 2. führende Stellung
principium		Anfang
occupare		besetzen
occupatus in + Abl.		beschäftigt mit
occupatio, -nis f.		Beschäftigung
recipere		zurücknehmen; aufnehmen
se recipere		sich zurückziehen
recuperare		wiedergewinnen
suscipere		unternehmen
caput, capitis n.		Kopf
capitis damnare		zum Tode verurteilen
praeceps		kopfüber; steil
carēre + Abl.		etw. nicht haben; etw. entbehren
caro, carnis f.		Fleisch
carus		lieb; teuer
castra, -orum n.		(Feld)lager
causa		Grund; Ursache
causam dicere		sich vor Gericht verantworten;
		sich verteidigen
causa nach Gen.		wegen

eundi causa		des Gehens wegen; um zu gehen
qua de causa	1.–2.	1. warum 2. darum
accusare		anklagen
excusare		entschuldigen
cavēre		sich hüten
cautus		vorsichtig
cedere		gehen; weggehen
	STF	cedo, cessi, cessum
accedere		herantreten; hinzukommen
concedere		einräumen; nachgeben; gestatten
decedere		weggehen
discedere		auseinander gehen; weggehen
procedere		vorrücken; Fortschritte machen
necesse nicht deklinierbar		unvermeidlich; notwendig
necessarius	1.–2.	1. notwendig
		2. verwandt; befreundet
necessitas, -tis f.		Notwendigkeit; Notlage
celare		verbergen
clam		heimlich
color, -ris m.		Farbe
occultus		verborgen; heimlich
occultare		verstecken
celebrare		feiern
celer, -is, -e		schnell
celeriter Adv.		schnell
celeritas, -tis f.		Schnelligkeit
cena		Essen; Mahlzeit
cenare		speisen
accendere		anzünden; anfeuern
	STF	accendo, accendi, accensum
incendere		anzünden; anfeuern
ira incensus		wutentbrannt; voll Zorn
incendium		Brand; Feuer
censēre	1.–2.	1. meinen 2. beschließen
	STF	censeo, censui, censum
cernere	1.–2.	unterscheiden: 1. wahrnehmen
		2. entscheiden
	STF	cerno, crevi, −

decernere		entscheiden; beschließen
	STF	decerno, decrevi, decretum
certare		streiten; kämpfen
certamen, -nis n.		Wettkampf
decertare		bis zur Entscheidung kämpfen
certus		gewiss; sicher; bestimmt
ceteri		die übrigen; die anderen (alii: andere)
ceterum		übrigens; im übrigen
cibus		Essen; Futter
cinis, -neris m.		Asche
circus		Zirkus; Pferderennbahn
circum + Akk.		um ... herum
circiter		ungefähr
cito Adv.		schnell
excitare	1.–2.	1. aufscheuchen 2. wecken
incitare		antreiben
sollicitare		ängstigen; reizen
civis, -is m.		Bürger
civilis, -e		bürgerlich; öffentlich
bellum civile		Bürgerkrieg; Krieg der Bürger
civitas, -tis f.	1.–2.	1. Staat; Gemeinde 2. Bürgerrecht
clades, -is f.		Niederlage
incolumis, -e		heil; unversehrt
clamare		rufen; schreien
exclamare		ausrufen
clamor, -ris m.		Geschrei; Lärm
clarus	1.–2.	1. hell 2. berühmt
praeclarus		hochberühmt
concilium		Versammlung
conciliare		gewinnen = zum Freund machen
classis, -is f.		Flotte
claudere	1.–2.	schließen: 1. abschließen
		2. einschließen
	STF	claudo, clausi, clausum
excludere		ausschließen
includere		einschließen
clemens, -ntis		mild
clementia		Milde

cohors, -tis f.		Kohorte
colere	1.–3.	1. bebauen 2. pflegen 3. verehren
	STF	colo, colui, cultum
cultus, -us m.		Pflege; Verehrung; Lebensart; Kultur
colonia		Kolonie; Veteranensiedlung
incola		Einwohner
incolere		bewohnen; wohnen
collis, -is m.		Hügel
conari		versuchen
cor, cordis n.		Herz
concordia		Eintracht
discordia		Zwietracht; Streit
misericordia		Mitleid
recordari		sich erinnern
corona		Kranz
corpus, -oris n.		Körper
crescere		wachsen
	STF	cresco, crevi, –
creare	1.–2.	1. wählen 2. erschaffen
crimen, -nis n.	1.–2.	1. Beschuldigung 2. Verbrechen
crudelis, -e		grausam
crudelitas, -tis f.		Grausamkeit
crux, -cis f.		Kreuz
culpa		Schuld
cum + Abl.		mit
+ Ind.		als; als plötzlich; immer wenn
+ Konj.		als: während, nachdem; weil, da; obwohl
cum primum		sobald
cum ... tum		einerseits ... andererseits; ... und besonders
contra + Akk.		dagegen; gegen
cunctari		zögern
cunctatio, -nis f.		Zögern
cuncti		alle
cupere		wünschen; wollen; verlangen
	STF	cupio, cupivi, cupitum
cupidus + Gen.		begierig nach etw.

cupiditas, -tis f.		Begierde
cur?		warum?
cura		Sorge; Pflege
Hoc mihi curae est.		Das dient mir zur Sorge: Das macht mir Sorge; das liegt mir am Herzen.
curare		sorgen; besorgen
Pontem faciendum curavit.		Er ließ eine Brücke bauen.
securus		sorglos; sicher
currere		laufen
	STF	curro, cucurri, cursum
accurrere		herbeilaufen
concurrere		zusammenlaufen
occurrere		entgegenlaufen; begegnen
cursus, -us m.		Lauf; Kurs
currus, -us m.		Wagen
custos, -dis m.		Wächter
custodia		Wache
custodire		bewachen
damnare		verurteilen
capitis damnare		zum Tode verurteilen
dare		geben
	STF	do, dedi, datum
abdere		verbergen
addere		hinzufügen
circumdare		umgeben
condere		gründen
credere	1.–2.	1. glauben 2. anvertrauen
incredibilis, -e		unglaublich
perdere		zugrunde richten; verlieren
prodere	1.–2.	1. verraten 2. überliefern
reddere	1.–2.	1. zurückgeben 2. machen zu
tradere	1.–2.	1. übergeben 2. überliefern
vendere		verkaufen
donum		Geschenk
donare		schenken
de + Abl.	1.–2.	1. von ... herab 2. über
demum		endlich

denique		zuletzt; endlich
dea		Göttin
deus		Gott
divinus / divus		göttlich
decet		es gehört sich
dignus		würdig
Memoria dignus est.		Er ist erinnerungswürdig; er ist es wert / er verdient es, dass man sich an ihn erinnert.
dignitas, -tis f.		Würde
defendere a / ab		verteidigen gegen
	STF	defendo, defendi, defensum
offendere		beleidigen
dēlēre		zerstören; vernichten
deliberare		überlegen
dens, dentis m.		Zahn
densus		dicht
dexter, -a, -um	1.–2.	1. rechts 2. glücklich
dextra		= dextra manus: die Rechte (Hand)
dicere		sagen
	STF	dico, dixi, dictum
causam dicere		sich vor Gericht verantworten; sich verteidigen
salutem dicere		grüßen
Cicero erravisse dicitur. nci		Man sagt, Cicero habe sich geirrt. / Cicero soll sich geirrt haben. / Cicero hat sich angeblich geirrt.
indicere		anzeigen; erklären
condicio, -nis f.		Bedingung; Lage
ea condicione, ut		unter der Bedingung, dass
dies, diei m.		Tag
ad diem		auf den Tag genau: rechtzeitig
in dies		von Tag zu Tag
cottidie		täglich
hodie		heute
diu		lange
diutius		länger
meridies, -iei m.		Mittag

15

postridie		am folgenden Tag
pridie		am Vortage
biduum		Zeitraum von zwei Tagen; zwei Tage
triduum		Zeitraum von drei Tagen; drei Tage
dives, divitis m.+ f.+ n.!		reich
divitiae		Reichtum
docēre		lehren; darstellen
doctus		gelehrt
doctrina		Wissen; Lehre
discere		lernen
	STF	disco, didici, –
discipulus		Schüler
disciplina		Lehre; Disziplin
dolor, -ris m.		Schmerz
dolēre		betrübt sein
dolus		List
domare		zähmen; unterwerfen
domus, -us f.		Haus
domi / domum / domo		zu Haus / nach Hause / von zu Hause
domina		Herrin
dominatio, -nis f.		Herrschaft
dominus		Herr
donec		bis
dormire		schlafen
ducere		führen
	STF	duco, duxi, ductum
adducere	1.–2.	1. heranführen 2. veranlassen
timore adductus		aus Furcht
deducere	1.–2.	1. wegführen; führen 2. ableiten
inducere	1.–2.	1. hineinführen 2. verleiten
spe inductus		aus Hoffnung
reducere		zurückführen
traducere		hinüberführen
dux, -cis m.		Anführer
dulcis, -e		süß; lieblich
dum + Ind.		während; solange
+ Konj.	1.–2.	1. wenn nur
		2. bis; damit inzwischen

interdum		manchmal
nondum		noch nicht
duo		zwei
dubius		zweifelhaft
non est dubium, quin		es ist nicht zweifelhaft, dass
dubitare	1.–2.	1. zögern 2. (be)zweifeln
durus		hart
e, ex + Abl.		aus
ex eo tempore		seit dieser Zeit
ex ea re		aufgrund dieser Angelegenheit
ecce!		da! sieh! bitte!
edere		essen
	STF	edo, edi, esum
ēgēre + Abl.		Mangel haben an etw.
ego		ich
equidem		ich jedenfalls
meus		mein
emere		kaufen
	STF	emo, emi, emptum
promere		hervorholen
sumere		nehmen
	STF	sumo, sumpsi, sumptum
sumptus, -us m.		Aufwand; Kosten
consumere		verbrauchen
exemplum		Beispiel
praemium		Belohnung
eximius		besonders; ausgezeichnet
promptus		bereit; entschlossen
enim		nämlich; denn
epistula		Brief
equus		Pferd
eques, -itis m.		Reiter; Ritter
equitare		reiten
errare	1.–2.	1. sich irren 2. umherirren
error, -ris m.		Irrtum
esse		sein
	STF	sum, fui, esse

17

futurus		zukünftig
fore =		futurum esse (Inf.Fut.Akt.)
Sunt, qui credant ...		Es gibt Leute, die glauben ...
meum est		es ist meine Sache / Pflicht
consulis est Gen. poss.		es ist Sache / Pflicht des Konsuls
virtutis est Gen. poss.		es ist ein Zeichen von Tapferkeit; es beweist Tapferkeit
esse + Dat.:		
Mihi est equus.		Mir gehört ein Pferd; ich habe ein Pferd.
Id mihi curae est.		Das dient mir zur Sorge: Das macht mir Sorge; das liegt mir am Herzen.
usui / ex usu est		es ist nützlich
abesse		entfernt sein; abwesend sein; fehlen
adesse		da sein; anwesend sein
adesse + Dat.		beistehen; helfen
deesse		fehlen
interesse		teilnehmen an; dabei sein
obesse		schaden
posse		können
	STF	possum, potui, –
plurimum posse		größten Einfluss haben
praeesse		vorn stehen: anführen; kommandieren
prodesse		nützen
superesse		übrig sein
absens		abwesend; in Abwesenheit
potens		mächtig
potentia		Macht
potestas, -tis f.	1.–2.	1. Macht; Amtsgewalt 2. Möglichkeit
potiri		sich aneignen; an sich reißen
Regno potitur.		Er reißt die Königsmacht an sich.
praesens		gegenwärtig
et		und; auch; am Satzanfang auch: (und) tatsächlich
et ... et		(sowohl ... als auch); ... und
etiam	1.–2.	1. auch 2. sogar

quin etiam		ja sogar
exilium		Exil; Verbannung
extra + Akk.		außerhalb + Gen.
exterior		der äußere
externus		auswärtig
extremus		der äußerste
faber		Handwerker
facere		machen; tun
	STF	facio, feci, factum
imperata facere		Befehle ausführen
iter facere		reisen; marschieren
quo facto	1.–2.	1. wodurch; woraufhin
		2. (und) dadurch; (und) daraufhin
verba facere		sprechen; reden
factum		Handlung; Tat
fieri	1.–3.	1. werden 2. geschehen
		3. gemacht werden
	STF	fio, factus sum Semideponens
afficere		versehen mit
	STF	afficio, affeci, affectum
te terrore afficio		ich erschrecke dich
gaudio affectus		voll Freude
conficere	1.–2.	1. herstellen 2. beenden
deficere	1.–2.	1. abnehmen; schwinden
		2. versagen
animo deficere		den Mut sinken lassen
efficere		bewirken; erreichen
interficere		töten
perficere		vollenden
reficere		wiederherstellen; reparieren
se reficere		sich erholen
praefectus		Präfekt (z.B. Leiter; Kommandant)
proficisci		aufbrechen; marschieren
	STF	proficiscor, profectus sum
profecto Adv.		in der Tat; sicherlich
facilis, -e		leicht
facile Adv.		leicht

19

facultas, -tis f.		Möglichkeit; Fähigkeit
difficilis, -e		schwierig
difficultas, -tis f.		Schwierigkeit
facies, -ei f.		Gesicht
facinus, -oris n.	1.–2.	1. Tat 2. Verbrechen
infecta re		erfolglos; unverrichteter Dinge
beneficium		Wohltat; Gefälligkeit
officium		Pflicht
sacrificare		opfern
significare		anzeigen; markieren
fallere		täuschen
	STF	fallo, fefelli, –
falsus		falsch
fames, -is f.		Hunger
familia		Familie; Hausgemeinschaft; Sklaven
familiaris, -e		Freund
[fari]		[reden]
fabula		Geschichte
fama		Sage; Gerücht; (guter) Ruf
fas nicht deklinierbar		göttliches Gebot; Recht
nefas nicht deklinierbar		Frevel; Unrecht
nefarius		frevelhaft
fatum		Schicksal
confitēri		gestehen; bekennen
	STF	confiteor, confessus sum
confessio, -nis f.		Bekenntnis
fatigare		müde machen
defessus		erschöpft
favēre		geneigt sein
	STF	faveo, favi, fautum
fax, -cis f.		Fackel
felix, -icis		glücklich
femina		Frau
filia		Tochter
filius		Sohn
fenestra		Fenster
fere		fast; etwa
feriae		Ferien

festus		festlich; Fest-
ferus		wild
ferox, -ocis		wild
ferre		tragen; bringen; ertragen
	STF	fero, tuli, latum
ferri	1.–2.	gebracht werden:
		1. eilen
Cicero erravisse fertur. nci		2. Man sagt, Cicero habe sich geirrt. / Cicero soll sich geirrt haben. / Cicero hat sich angeblich geirrt.
legem ferre		ein Gesetz einbringen
moleste ferre		übel nehmen; sich ärgern
afferre	1.–3.	1. (herbei)bringen 2. zufügen 3. melden
	STF	affero, attuli, allatum
auferre		wegtragen
	STF	aufero, abstuli, ablatum
conferre	1.–2.	1. zusammentragen 2. vergleichen
se conferre		sich begeben z. B. in die Stadt
differre	1.–2.	1. aufschieben 2. sich unterscheiden
inferre	1.–2.	1. hineintragen 2. zufügen
offerre		anbieten
perferre	1.–2.	1. überbringen 2. ertragen
referre	1.–2.	1. zurückbringen 2. berichten
gratiam referre		danken durch die Tat
tollere	1.–2.	1. aufheben; erheben 2. beseitigen
	STF	tollo, sustuli, sublatum
tolerare		ertragen
transferre		hinübertragen; hinüberbringen; übertragen
fur, -ris m.		Dieb
forte		zufällig
fortasse		vielleicht
fortuna		Schicksal; Glück
fortunae		Besitz
ferrum		Eisen
ferreus		eisern
fidus		treu; zuverlässig

fides, -ei f.	1.–2.	1. Treue 2. Glauben; Vertrauen
foedus, -eris n.		Bündnis; Vertrag
fidelis, -e		treu
confidere		vertrauen
	STF	confido, confisus sum Semideponens
amicitiae confisus		im Vertrauen auf die Freundschaft
diffidere		misstrauen; zweifeln
perfidus		treulos; verräterisch
perfidia		Treulosigkeit
fingere		bilden; erdichten
	STF	fingo, finxi, fictum
figura		Gestalt; Figur
finire		beenden
finis, -is m.		Ende; Grenze
fines, -ium m.		Grenzen; Gebiet
dicendi finem facere		die Rede beenden
finitimus		benachbart; Nachbar
firmus		fest; stark; zuverlässig
firmare	1.–2.	1. stärken; ermutigen 2. sichern
confirmare	1.–2.	1. stärken; ermutigen 2. versichern
flagitium		Verbrechen; Schande
flamma		Flamme
flectere		(ab)biegen
	STF	flecto, flexi, flexum
flēre		weinen; beweinen
flos, -oris m.		Blume
florēre		blühen
fluere		fließen
	STF	fluo, fluxi, –
fluctus, -us m.		Flut; Welle
flumen, -nis n.		Fluss
fluvius		Fluss
fore =		futurum esse Inf. Fut. Akt. von esse
forma		Gestalt; Form; Schönheit
fortis, -e		tapfer
fortissimus quisque		gerade die tapfersten; alle tapferen
fortiter		tüchtig; kräftig
fortitudo, -nis f.		Tapferkeit

forum		Marktplatz; Markt
foedus		hässlich; scheußlich
fons, fontis m.		Quelle
frangere		etw. zerbrechen
	STF	frango, fregi, fractum
frangi		zerbrechen (kaputtgehen)
frater, -tris m.		Bruder
fraus, -dis f.		Betrug
fraudare		betrügen
frustra		vergeblich
frequens, -ntis		zahlreich; häufig
frigus, -oris n.		Kälte
frigidus		kalt
frons, -ntis f.		Stirn
frui + Abl.		etw. genießen
	STF	fruor, fructus sum
fructus, -us m.		Frucht; Ertrag
frumentum		Getreide; Nahrungsmittel
fugere		fliehen; vermeiden
	STF	fugio, fugi, fugitum
effugere periculum		entfliehen; einer Gefahr entkommen
fuga		Flucht
fugitivus		entflohen
fundere		ausgießen; zerstreuen
	STF	fundo, fudi, fusum
furere		rasen
furor, -oris m.		Wut; Raserei
gaudēre + Abl.		sich freuen über
	STF	gaudeo, gavisus sum Semideponens
gaudium		Freude
gens, -ntis f.	1.-2.	1. Volk; Stamm 2. Geschlecht
genus, -eris n.	1.-2.	1. Geschlecht; Abstammung
		2. Gattung; Art
gignere		erzeugen; gebären; hervorbringen
	STF	gigno, genui, genitum
ingenium		Anlage; Begabung
ingens, -ntis		riesig

nasci	1.–2.	1. geboren werden; entstehen
		2. sich erheben
	STF	nascor, natus sum
a. Chr. n. =		ante Christum natum:
		vor Christi Geburt
p. Chr. n. =		post Christum natum:
		nach Christi Geburt
nobili genere natus		aus adligem Geschlecht; adlig;
		aristokratisch
viginti annos natus		zwanzig Jahre alt
natio, -nis f.		Volk; Stamm; Nation
natura		Natur; Beschaffenheit
gerere	1.–2.	1. tragen 2. (aus)führen
	STF	gero, gessi, gestum
bellum gerere		Krieg führen
rem gerere		kämpfen
rem publicam gerere		den Staat verwalten; Politiker sein
geri		geschehen
res gestae		Taten; Geschichte
gladius		Schwert
gladiator, -oris m.		Gladiator
gloria		Ruhm
gloriari		sich rühmen; prahlen
[gnarus]		
ignarus		unwissend; unbekannt
narrare		erzählen
[gnoscere]		
noscere		kennen lernen; erkennen; erfahren
cognoscere		kennen lernen; erkennen; erfahren
	STF	cognosco, cognovi, cognitum
novisse / cognovisse		kennen; wissen
novi / cognovi		ich kenne; ich weiß
quibus rebus cognitis		daraufhin (nachdem [er] dies erfahren
		hatte)
incognitus		unerkannt; unbekannt
notus		bekannt
ignotus		unbekannt
ignoscere		verzeihen

ignorare		nicht kennen; nicht wissen
non ignorare		genau kennen; genau wissen
nobilis, -e		vornehm; berühmt
nobilitas, -tis f.		Adel
ignobilis, -e		unbekannt; niedrig
[gradi]		
aggredi		angreifen
	STF	aggredior, aggressus sum
congredi		zusammenkommen; zusammentreffen
egredi		herauskommen
ingredi		betreten
progredi		vorrücken; vortreten
gratus	1.–2.	1. dankbar 2. angenehm
gratia	1.–2.	1. Dank 2. Beliebtheit; Ansehen
gratias agere		danken mit Worten
gratiam habere		dankbar sein in der Haltung
gratiam referre		danken durch die Tat
gratulari		gratulieren
gravis, -e	1.–2.	1. schwer 2. ernst; wichtig
gravitas, -tis f.	1.–2.	1. Schwere 2. Ernst; Würde
grex, gregis m.		Herde
egregius		ausgezeichnet
habēre		haben; halten
Te amicum habeo.		Ich halte dich für meinen Freund.
in animo habēre		vorhaben
fidem habēre		Glauben schenken
gratiam habēre		dankbar sein in der Haltung
Te in numero ami-corum habeo.		Ich zähle dich zu meinen Freunden.
Orationem habeo apud populum.		Ich halte eine Rede vor dem Volk.
senatum habēre		eine Senatssitzung abhalten
habitare		wohnen
adhibēre		hinzuziehen; anwenden
dēbēre	1.–3.	1. schulden 2. verdanken 3. müssen
praebēre	1.–2.	1. gewähren 2. zeigen
prohibēre		fern halten; hindern

hasta		Lanze; Speer
haud		nicht
heri		gestern
hic, haec, hoc		dieser, diese, dies(es)
hic / huc / hinc		hier / hierher / von hier
adhuc		bis jetzt; noch
hodie		heute
hiems, hiemis f.		Winter
homo, -nis m.		Mensch
humanus		menschlich
humanitas, -tis f.		Menschlichkeit; Menschenwürde; Bildung
honor, -ris m.		Ehre; Ehrenamt
magno in honore esse		in hohem Ansehen stehen
honestus	1.–3.	1. ehrenvoll 2. anständig 3. angesehen
hora		Stunde
horribilis, -e		entsetzlich
hortari		ermahnen; auffordern
adhortari		ermahnen; ermuntern
hortus		Garten
hostis, -is m.		Feind
hospes, -itis m.	1.–2.	1. Gast 2. Gastgeber
hospitalis, -e		gastlich
iacere		werfen
	STF	iacio, ieci, iactum
conicere	1.–2.	1. werfen 2. vermuten
deicere	1.–2.	1. hinabwerfen 2. verschlagen
obicere		entgegenwerfen; vorwerfen
proicere	1.–2.	1. vorwerfen 2. niederwerfen
traicere	1.–2.	1. übersetzen 2. durchbohren
iactare	1.–2.	1. schleudern; schütteln 2. prahlen
iacēre		liegen
	STF	iaceo, iacui, –
idoneus		geeignet
Idoneus sum, qui id faciam.		Ich bin geeignet, das zu tun.
ignavia		Trägheit; Feigheit

ignis, -is m.		Feuer
igneus		feurig
ille, illa, illud		jener, jene, jenes
olim		einst
ulterior		jenseits gelegen; weiter draußen gelegen
ultimus		der letzte
imago, imaginis f.		Bild
imitari		nachahmen
in + Akk.		in (... hinein) wohin?
+ Abl.		in; auf wo?
in eundo		beim Gehen; während er/wir/ geht/gehen / ging/gingen
in dies		von Tag zu Tag
in-		un-
ingratus		undankbar
inanis, -e		leer; unbegründet; unnütz
inferior	1.–2.	1. der untere 2. der unterlegene
infimus		unterster
inquit		sagt(e) er/sie
insula		Insel
intra		innerhalb
inter + Akk.		zwischen; unter
inter se		untereinander
interdum		manchmal
interea		inzwischen
interim		inzwischen
interior		der innere
intimus		der innerste
intrare		eintreten; betreten
ira		Zorn
iram movēre		Zorn erregen
ira commotus		aus/im/vor Zorn; zornig
iratus		zornig
ire		gehen
	STF	eo, ii, itum
abire		weggehen
adire		herangehen:
	1.–3.	1. besuchen 2. bitten 3. angreifen

exire	1.–2.	1. herausgehen; ausziehen
		2. zu Ende gehen
aestate exeunte		am Ende des Sommers
inire	1.–2.	1. hineingehen 2. beginnen
aestate ineunte		bei Sommeranfang
consilium inire		einen Plan/Beschluss fassen
interire		untergehen; umkommen
nequire		nicht können
	STF	nequeo, nequivi, –
mortem obire		sterben
praeterire		vorbeigehen; übergehen
praetor		Prätor; Richter
perire		untergehen; umkommen
redire		zurückkehren
subire		auf sich nehmen; herangehen
periculum subire		eine Gefahr auf sich nehmen
transire	1.–2.	1. überschreiten; hinübergehen
		2. vorübergehen
aditus, -us m.		Zugang
ambitio, -nis f.		Bewerbung um ein Amt; Ehrgeiz
initium		Anfang
interitus, -us m.		Untergang
reditus, -us m.		Rückkehr
comes, -itis m.		Begleiter
comitari		begleiten
ianua		Tür
iter, itineris n.	1.–3.	1. Weg 2. Marsch 3. Reise
iter facere		marschieren; reisen
subito		plötzlich
is, ea, id	1.–4.	1. dieser, diese, dies(es)
		2. der(jenige), der vor RS
		3. ihm, ihn usw.
		4. im Gen.: sein/ihr z.B.:
1. is homo		dieser Mensch
2. ii, qui audiunt		die(jenigen), die zuhören
3. Ei appropinquo,		Ihm nähere ich mich,
eam saluto.		sie begrüße ich.

4. frater eius;		sein / ihr Bruder
pater earum		ihr Vater
quo ... eo		je ... desto
eo		dorthin
eodem		ebendorthin
adeo		bis dahin; so sehr
iam		schon; jetzt gleich
non iam		nicht mehr
etiam		auch; sogar
ibi		dort
inde	1.–2.	1. daher; von dort 2. dann; danach
deinde		darauf; dann
idem, eadem, idem		derselbe, dieselbe, dasselbe
atque / qui		wie
ipse, ipsa, ipsum		selbst; persönlich; direkt
iste, ista, istud		dieser da, diese da, dies(es) da bei dir
interea		inzwischen
interim		inzwischen
ita		so
quae cum ita sint		unter diesen Umständen (da das so ist)
itaque		daher; deshalb
item		ebenso; auch
iterum		wieder; noch einmal
iubēre		befehlen; auffordern
	STF	iubeo, iussi, iussum
iussu		auf Befehl
iungere		verbinden; vereinigen
	STF	iungo, iunxi, iunctum
coniungere		verbinden
coniunx, coniugis f.		Ehefrau
ius, iuris n.		Recht
iustitia		Gerechtigkeit
iniuria		Unrecht
iustus		gerecht
iniustus		ungerecht
iurare		schwören
coniuratus		Verschwörer

coniuratio, -nis f.		Verschwörung
iudex, -cis m.		Richter
iudicare	1.–2.	1. richten 2. urteilen
iudicium	1.–2.	1. Gericht 2. Prozess; Urteil
iuvare + Akk.		jn. unterstützen; jm. helfen
	STF	iuvo, iuvi, iutum
adiuvare + Akk.		jn. unterstützen; jm. helfen
	STF	adiuvo, adiuvi, adiutum
iocus		Scherz
iucundus		angenehm
iuvenis, -is m.	1.–2.	1. junger Mann 2. jung
labi		gleiten; fallen
	STF	labor, lapsus sum
labor, -ris m.		Arbeit; Strapaze; Not
laborare		arbeiten
lacessere		reizen
	STF	lacesso, lacessivi, lacessitum
sollicitare		aufhetzen
polliceri		versprechen
	STF	polliceor, pollicitus sum
delectare		erfreuen
lacrima		Träne
laedere		stoßen; verletzen
	STF	laedo, laesi, laesum
laetus		fröhlich; vergnügt
laetitia		Freude
lapis, lapidis m.		Stein
latus		breit
latitudo, -nis f.		Breite
latus, lateris n.		Seite; Flanke
laus, laudis f.		Lob
laudare		loben
lectus		Bett; Liege
legere		lesen; sammeln
	STF	lego, legi, lectum ebenso bei vielen Komposita
colligere		sammeln

deligere		auswählen
diligere		lieben
	STF	diligo, dilexi, dilectum
diligens		sorgfältig; genau
diligentia		Sorgfalt
eligere		auswählen
intellegere	1.–3.	1. bemerken 2. einsehen 3. verstehen
	STF	intellego, intellexi, intellectum
neglegere	1.–2.	1. nicht beachten 2. vernachlässigen
legio, -nis f.		Legion
religio, -nis f.		Scheu; Gottesverehrung; religiöse Bedeutung
lenis, -e		sanft
leo, -nis m.		Löwe
levis, -e		leicht
levare		erleichtern
lex, -gis f.		Gesetz
legatus	1.–2.	1. Gesandter 2. Legat röm.Offizier
legatio, -nis f.		Gesandtschaft
collega		Kollege
libenter		gern
libido, -inis f.		Lust; Begierde; Willkür
liber, -a, -um		frei
liberare		befreien
libertus		Freigelassener
libertas, -tis f.		Freiheit
liberi		Kinder
liberalis, -e		freigebig
liber, libri m.		Buch
licet		es ist erlaubt; man darf; man kann
lignum		Holz
ligneus		hölzern
limes, limitis m.		Grenzwall
lingua		Zunge; Sprache
linquere		verlassen
relinquere		zurücklassen; verlassen
	STF	relinquo, reliqui, relictum
reliquus		übrig

reliquiae		Überreste
littera		Buchstabe
litterae	1.–3.	1. Buchstaben 2. Brief
		3. Wissenschaften
litus, litoris n.		Strand; Küste
oblivisci + Gen.		etw. vergessen
	STF	obliviscor, oblitus sum
locus		Ort; Platz; Stelle
loca, -orum n.		Gelände; Gegend
collocare		aufstellen
longus		lang
longe maximus		bei weitem der größte
longitudo, -nis f.		Länge
loqui		sprechen
	STF	loquor, locutus sum
colloqui		sich unterreden
colloquium		Unterredung
ludere		spielen
	STF	ludo, lusi, lusum
illudere		verspotten
ludus		Spiel
[luere]		
solvere	1.–2.	1. lösen 2. zahlen
	STF	solvo, solvi, solutum
lupus		Wolf
lux, lucis f.		Licht
prima luce		bei Tagesanbruch
luna		Mond
illustris, -e		hell: glänzend; berühmt
luxus, -us m.		Luxus
luxuria		Luxus
maestus		traurig
magnus		groß; bedeutend
magnitudo, -nis f.		Größe
maior, maius	1.–2.	1. größer 2. älter
maximus	1.–2.	1. der größte 2. der älteste
maiores, -um m.		Vorfahren

maiestas, -tis f.		Größe; Hoheit
magis		mehr; eher; lieber
magistratus, -us m.		Beamter; Amt; Behörde
quam maximis itineribus		in möglichst großen Etappen; in Eilmärschen
maxime		am meisten; besonders
malle		lieber wollen
	STF	malo, malui, –
malus		schlecht; böse
malum		Nachteil; Fehler; Belastung; Unglück
peior, peius		schlechter
pessimus		der schlechteste
mandare	1.–2.	1. übergeben 2. auftragen
mandatum		Auftrag; Befehl
commendare		anvertrauen; empfehlen
mane		früh am Morgen
manēre	1.–2.	1. bleiben 2. erwarten
permanēre		zurückbleiben; bleiben
remanēre		zurückbleiben; bleiben
manus, -us f.	1.–2.	1. Hand 2. Gruppe
mare, -is n.		Meer
maritimus		Meeres-; am Meer gelegen
maritus		Ehemann
mater, -tris f.		Mutter
matrimonium		Ehe
materia		Bauholz; Material
maturus		reif; zeitig
medicus		Arzt
medicina		Heilmittel
medius		der mittlere
media in insula		mitten auf der Insel; in der Inselmitte
in media insula		auf der mittleren Insel
mediocris, -e		mittelmäßig; mäßig
meridies, -iei m.		Mittag
memor, -ris + Gen.		eingedenk; sich einer Sache bewusst
memoria	1.–2.	1. Erinnerung; Gedächtnis 2. Zeit
memoria patrum		zur Zeit der Väter; in der Vergangenheit

meminisse Perfekt		gedenken; sich erinnern Präsens
memini		ich erinnere mich
commemorare		erwähnen
monēre		ermahnen; warnen
admonēre		ermahnen; warnen
monumentum		Denkmal
mens, -ntis f.	1.–3.	1. Verstand 2. Gesinnung 3. Geist
mentiri		lügen
	STF	mentior, mentitus sum
demens		von Sinnen; wahnsinnig
dementia		Wahnsinn
monstrare		zeigen
demonstrare		zeigen; erklären
Quod erat demonstrandum.		Was zu beweisen war. Euklid
mensa		Tisch
immensus		unermesslich
mensis, -is m.		Monat
merx, -cis f.		Ware
mercator, -ris m.		Kaufmann
merēre		verdienen; sich verdient machen
	STF	mereo, merui, meritum
merito		mit Recht; verdientermaßen
metus, -us m.		Furcht
metuere		fürchten; sich fürchten
meus		mein
migrare		wandern
miles, -tis m.		Soldat
militaris, -e		militärisch; Kriegs-
militia		Kriegsdienst
minae		Drohungen
minari		drohen
minor, minus	1.–2.	1. kleiner; geringer; weniger
		2. jünger
minimus	1.–2.	1. der kleinste; sehr wenig
		2. der jüngste
minime		keineswegs
minister		Diener
administrare		verwalten

minuere		verringern
	STF	minuo, minui, minutum
mirus		wunderbar; erstaunlich
mirari	1.–2.	1. sich wundern　2. bewundern
mirabilis, -e		wunderbar; erstaunlich
admirari		bewundern
admiratio, -nis f.		Bewunderung
miscēre		mischen
	STF	misceo, miscui, mixtum
miser, -a, -um		arm; unglücklich
miseria		Elend
misericordia		Mitleid
mittere	1.–2.	1. schicken　2. (los)lassen
	STF	mitto, misi, missum
auxilio mittere		zu Hilfe schicken
amittere		verlieren; loslassen
admittere		zulassen
committere	1.–2.	1. veranstalten; begehen
		2. überlassen; anvertrauen
scelus committere		ein Verbrechen begehen
demittere		hinablassen; hinabwerfen
dimittere		wegschicken; entlassen
emittere		loslassen; ausschicken
permittere		erlauben
praetermittere		vorbeigehen lassen; übergehen
promittere		versprechen
submittere		zu Hilfe schicken
modus		Art und Weise
eius modi oratio		eine Rede dieser Art; so eine Rede
quomodo		auf welche Weise; wie
modo		nur
modo ... modo		bald ... bald
non modo ... sed etiam		(nicht nur ... sondern auch); ... und
modestus		maßvoll; bescheiden
modestia		Bescheidenheit
modicus		mäßig
commodus		angemessen; bequem
commodum		Bequemlichkeit; Vorteil

incommodum		Unannehmlichkeit; Nachteil
moenia, -ium n.		Mauern; Befestigungen
munire		befestigen
munitio, -nis f.		Befestigung
murus		Mauer
moles, -lis f.		Masse; Damm
molestus		beschwerlich
moleste ferre		übel nehmen; sich ärgern
mollis, -e		weich
mollire		erweichen
mons, montis m.		Berg
sub monte		am Fuß des Berges
summo in monte		ganz oben auf dem Berg; auf dem Gipfel des Berges
in summo monte		auf dem höchsten Berg
imminēre		drohen
morbus		Krankheit
mori		sterben
	STF	morior, mortuus sum
mortuus		tot
Caesare mortuo		nach Caesars Tod; als Caesar tot war
mors, mortis f.		Tod
mortem obire		sterben
mortalis, -e		sterblich
mos, moris m.	1.–2.	1. Sitte; Brauch 2. Art und Weise
more maiorum		nach Sitte der Vorfahren; traditionell
mores, -um m.		Sitten; Charakter
movēre	1.–2.	1. bewegen 2. veranlassen
	STF	moveo, movi, motum
iram movēre		Zorn erregen
admovēre		heranbewegen
commovēre	1.–2.	1. innerlich bewegen 2. veranlassen
ira commotus		aus/im/vor Zorn; zornig
permovēre	1.–2.	1. innerlich bewegen 2. veranlassen
ira permotus		aus/im/vor Zorn; zornig
removēre		entfernen
mobilis, -e		beweglich
motus, -us m.		Bewegung; Erregung

mox		bald
mulier, -ris f.		Frau
multus		viel; groß
ad multam noctem		bis tief in die Nacht
multum vini		viel Wein Gen.partitivus; nicht übersetzt
multo maior		viel größer
multi		viele
permulti		sehr viele
multitudo, -nis f.		Menge
mundus		Welt
munus, -eris n.	1.–2.	1. Verpflichtung; Amt 2. Geschenk
communis, -e		gemeinsam; allgemein
municipium		Stadt
mutare		verändern
commutatio, -nis f.		Veränderung
nam		denn
navis, -is f.		Schiff
navigare		segeln; (be)fahren
navigium		Schiff
nauta		Seemann
-ne		nicht übersetztes Fragewort
nonne?		(etwa) nicht?
ne + Konj.		dass nicht; damit nicht; um nicht zu
neve / neu		und nicht
timēre, ne		fürchten, dass
ne … quidem		nicht einmal
nemo		niemand
nec / neque		und nicht; auch nicht; aber nicht
neque … neque		weder … noch
nimis		zu sehr; allzu
nimius		zu groß
necare		töten
nocēre		schaden
pernicies, -ei f.		Untergang
negare		verneinen: sagen, dass nicht
niger, nigra, nigrum		schwarz
nihil / nil		nichts

nihil novi		nichts Neues Gen.partitivus; nicht übersetzt
nihilo minus		nichtsdestoweniger
nihil ... nisi		nur
niti		sich stützen; sich anstrengen
	STF	nitor, nisus sum
nomen, -nis n.		Name
nomen regis		der Titel »König«
		Gen.explicativus; nicht übersetzt
cognomen		Beiname
ignominia		Schande
nominare		nennen
nos		wir
noster		unser
multi nostrum Gen.		viele von uns nostrum: Gen. partitivus
odium nostri Gen.		Hass auf uns nostri: Gen. obiectivus
novus		neu
renovare		erneuern
denuo		von neuem
nuntius	1.–2.	1. Bote 2. Botschaft
nuntiare		melden
pronuntiare		bekannt machen; ankündigen
nox, noctis f.		Nacht
prima nocte		zu Beginn der Nacht
noctu		bei Nacht
nubes, -is f.		Wolke
nudus		nackt
num?		etwa?
numen, -nis n.	1.–2.	1. (göttliche) Macht 2. Gottheit
numerus		Zahl
numerare		zählen; aufzählen
innumerabilis, -e		unzählig
numquam		niemals
umquam		jemals
nunc		jetzt; nun
nuper		neulich
ob + Akk.		wegen
oculus		Auge

atrox, -cis		grässlich
odisse Perf. / odi		hassen Präs. / ich hasse
odium		Hass
odio esse		verhasst sein
omen, ominis n.		Vorzeichen
omnis, -e		jeder; ganz
omnes, -ia		alle; alles
ad unum omnes		alle ohne Ausnahme
omnino		gänzlich; überhaupt
onus, oneris n.		Last
onerare		beladen; belasten
opinio, -nis f.		Meinung; Erwartung; Ruf
opinione celerius		schneller als erwartet
opinari		meinen; vermuten
inopinans		nichts ahnend
oppidum		Stadt
optare		wünschen
ops, opis f.	1.–2.	1. Macht 2. Hilfe
opes, opum f.	1.–2.	1. Macht; Reichtum
		2. Mittel; Streitkräfte
optimus		der beste; sehr gut
optimus quisque		gerade die besten; alle guten
opulentus		reichlich; üppig
inopia		Mangel
officium		Pflicht
copia		Menge; Vorrat
copiae	1.–2.	1. Vorräte 2. Truppen
opus, operis n.		Arbeit; Werk
opus est		es ist nötig
oportet		es ist nötig; man muss
magnopere		sehr
tantopere		so sehr
opera		Mühe; Dienst
operam dare		sich Mühe geben
orbis, orbis m.		Kreis
orbis terrarum		Erdkreis; Welt
ordo, ordinis m.		Reihe; Rang; Stand
ornare		schmücken; ausrüsten

ornamentum		Schmuck
oriri		entstehen
	STF	orior, ortus sum
origo, -nis f.		Ursprung
oriens, -ntis m.		Osten: Orient wo die Sonne aufgeht
adoriri		angreifen
os, oris n.		Mund; Gesicht
orare		reden; bitten; beten
oratio, -nis f.		Rede
orator, -ris m.		Redner
adorare		anbeten
ora		Küste
oraculum		Orakel
ostium		Mündung
otium		freie Zeit; Ruhe
negotium		Beschäftigung; Aufgabe
otiosus	1.–2.	1. ruhig 2. wissenschaftlich tätig
ovis, ovis f.		Schaf
paene		fast; beinahe
Paene cecidi.		Ich wäre beinahe gefallen. im Dt. Irrealis
palam		öffentlich
par, paris		gleich
parcere + Dat.		jn. schonen
Victis parcimus.		Wir schonen die Besiegten.
parēre		gehorchen
	STF	pareo, parui, –
apparēre		erscheinen; offenkundig sein
parere		hervorbringen; gewinnen
	STF	pario, peperi, partum
parentes, -um		Eltern
reperire		finden
	STF	reperio, repperi, repertum
parare		vorbereiten; beschaffen
paratus		bereit
comparare	1.–2.	1.vorbereiten; beschaffen 2. vergleichen
imperare		befehlen

40

imperatum		Befehl
imperator, -ris m.	1.–2.	1. Feldherr 2. Kaiser
imperium	1.–2.	1. Befehl 2. Herrschaft; Reich
pars, -tis f.	1.–2.	1. Teil 2. Seite
maximam partem		größtenteils
partim		teils
partiri		teilen; einteilen
parvus		klein
minor	1.–2.	1. kleiner; geringer 2. jünger
minus		weniger
minimus		der kleinste; der jüngste
minime		keineswegs
a parvis		von klein auf
parum		zu wenig
pater, -tris m.		Vater
patres conscripti		Senatoren
patrius		väterlich; hcimatlich; traditionell
patria		Vaterland
patēre		offen stehen; sich erstrcckcn
passim		überall
passus, -us m.		Doppelschritt
duo milia passuum		zwei Meilen ca. 3 km
pati	1.–2.	1. leiden; dulden 2. lassen; zulassen
	STF	patior, passus sum
patiens, -ntis		geduldig
pauci		wenige; einige; einige wenige
paulum		ein wenig; etwas
paulo		ein wenig; etwas
paulo post		etwas später
paulatim		allmählich
pauper, pauperis m.+ f.+ n.!		arm
paupertas, -tis f.		Armut
pax, -cis f.		Friede
pacare		unterwerfen
pectus, pectoris n.		Brust
pecus, pecoris n.		Vieh
pecunia		Geld
peior		schlechter; böser; schlimmer

pessimus		der schlechteste; der böseste; der schlimmste
impetrare		durch Bitten erreichen; durchsetzen
pellere	1.–2.	1. stoßen; schlagen
		2. vertreiben; besiegen
	STF	pello, pepuli, pulsum
appellare		ansprechen; nennen
expellere		vertreiben
impellere		antreiben; verleiten
repellere		zurücktreiben
pellis, -is f.		Fell; Haut
pendēre		(herab)hängen
	STF	pendeo, pependi, –
pondus, ponderis n.		Gewicht
per + Akk.		durch
per deos!		bei den Göttern!
per-		sehr
permulti		sehr viele
peritus + Gen.		erfahren in
imperitus + Gen.		unerfahren in
comperire		erfahren
	STF	comperio, comperi, compertum
experiri		versuchen; ausprobieren
	STF	experior, expertus sum
expertus		erfahren
periculum		Gefahr
Periculum est, ne		Es besteht die Gefahr, dass
periculosus		gefährlich
pes, pedis m.		Fuß
impedire		hindern; verhindern
impedimentum		Hindernis
peccare		einen Fehler machen; sündigen
pestilentia		Seuche; Krankheit
petere	1.–3.	1. streben nach 2. losgehen auf
		3. bitten um
	STF	peto, petivi, petitum
auxilium ab amico petere		einen Freund um Hilfe bitten
consulatum petere		sich um den Konsulat bewerben

repetere	zurückfordern; wiederholen
impetus, -us m.	Ansturm; Angriff
perpetuus	ununterbrochen
philosophus	Philosoph
piger	träge
piscis, -is m.	Fisch
pius	fromm; gehorsam
impius	gottlos; frevelhaft
pietas, -tis f.	Pflichtgefühl; Frömmigkeit
placare	beruhigen; besänftigen
placēre	gefallen
placet senatui	dem Senat gefällt's: der Senat beschließt
supplicium	Todesstrafe; Hinrichtung
[plectere]	
complecti	umarmen
STF	complector, complexus sum
plenus + Gen.	voll von
complēre	füllen
plerique	die meisten
plerumque	meistens
plebs, -is f.	Volk; Volksmenge
[plorare]	
implorare	dringend bitten; anflehen
plus, pluris	mehr
plus vini	mehr Wein Gen.partitivus; nicht übersetzt
plures, plura	mehr; weitere
plures amici	mehr Freunde
complures, -ium	mehrere; einige
plurimi	die meisten; sehr viele
plurimum	am meisten
plurimum posse	den größten Einfluss haben
poena	Strafe
punire	bestrafen
poeta	Dichter
pons, -ntis m.	Brücke
populus	Volk
publicus	staatlich; öffentlich
publice	öffentlich; auf Staatskosten

43

res publica		Staat; Republik; Politik
porro		ferner
porta		Tür; Tor
portare		tragen
apportare		herbeitragen; bringen
importare		importieren
transportare		transportieren
opportunus		günstig
portus, -us m.		Hafen
poscere		fordern
	STF	posco, poposci, –
postulare		fordern
post + Akk.		nach; hinter
post Adv.		danach; später
postea		danach; später
postquam		nachdem
posteaquam		nachdem
posterus		nachfolgend; später
postero die		am folgenden Tag
postridie		am folgenden Tag
posteri		Nachkommen
posterior		der spätere
postremus		der letzte
postremo		zuletzt
potius		eher; lieber
posse		können
plurimum posse		größten Einfluss haben
potens		mächtig
potentia		Macht
potestas, -tis f.	1.–2.	1. Macht; Amtsgewalt
		2. Möglichkeit
potiri		sich aneignen; an sich reißen
	STF	potior, potitus sum
Regno potitur.		Er reißt die Königsmacht an sich.
praeter + Akk.	1.–2.	1. außer 2. an ... vorbei
praeter opinionem		wider Erwarten
praeterea		außerdem
preces, precum f.		die Bitten

precari		bitten
[prehendere]		[ergreifen]
comprehendere		ergreifen; festnehmen
	STF	comprehendo, comprehendi, comprehensum
reprehendere		tadeln
praeda		Beute
praedari		Beute machen
premere		drücken; bedrängen
	STF	premo, pressi, pressum
opprimere	1.–2.	1. unterdrücken 2. überfallen
pretium		Preis
pretiosus		wertvoll
prior, prius		der frühere; der vordere
prius		früher; vorher
priusquam		bevor
primus		der erste; als erster
primo		anfangs; zuerst
primum		zum ersten Mal; zuerst
quam primum		möglichst bald
imprimis		besonders
prima nocte		zu Beginn der Nacht
princeps, -pis m.	1.–2.	1. Führer; Fürst 2. (als) erster
principatus,-us m.	1.–2.	1. Vormacht 2. führende Stellung
principium		Anfang
pristinus		früher
privatus		privat
pro + Abl.	1.–3.	1. für 2. vor 3. anstatt
probare		prüfen; billigen
probus		tüchtig; anständig; fair
improbus		unredlich; schlecht
procul		fern; von fern
proelium		Kampf
prope + Akk.	1.–2.	1. nahe; in der Nähe 2. beinahe
propior, propius		der nähere; näher
proximus		der nächste: der vorhergehende; der folgende
properare		eilen

propinquus	nahe; benachbart; verwandt
appropinquare	sich nähern
propter + Akk.	wegen
propterea	deswegen
proprius	eigen; spezifisch
manu propria	eigenhändig
provincia	Provinz; Amtsbereich
pudor, -oris m.	Scham; Scheu
repudiare	zurückweisen
puer	Junge
a puero / a pueris	seit der Kindheit
pueritia	Kindheit
puella	Mädchen
pugna	Kampf; Schlacht
pugnare	kämpfen
expugnare	erobern
oppugnare	bestürmen
pulcher, -a, -um	schön
pulchritudo, -nis f.	Schönheit
purus	rein
purgare	reinigen
putare	glauben; meinen; halten für
disputare	disputieren; diskutieren

quaerere	1.–2.	1. suchen 2. fragen
	STF	quaero, quaesivi, quaesitum
amicum quaerere		den Freund suchen
ex amico quaerere		den Freund fragen
quaeso		bitte!
quaestor, -ris m.		Quästor röm. Beamter
quaestio, -nis f.		Frage; Untersuchung
conquirere		zusammensuchen
-que angehängt		und inque silvam: und in den Wald
queri		klagen; beklagen
	STF	queror, questus sum
quies, -etis f.		Ruhe; Erholung
quietus		ruhig
tranquillus		ruhig

quis?		wer?
quis / quisquam		irgendwer; jemand
quid / quicquam		irgendetwas; etwas
neque quisquam		und niemand
quisque		jeder
fortissimus quisque		gerade die tapfersten; alle tapferen
quinto quoque anno		alle vier Jahre(!)
unusquisque		ein jeder; jeder einzelne
quisquis		wer auch immer; jeder, der
qua	1.–2.	1. wo 2. wie
qua de causa	1.–2.	1. warum 2. darum
qua re		wodurch; womit
qualis, -e		wie (beschaffen)
quam		wie; wie sehr
quam parvus		wie klein
melius quam		besser als
quam optime		möglichst gut
quamdiu		wie lange
quamquam		obwohl
vor HS:		indessen; jedoch
umquam		jemals
numquam		niemals
nonnumquam		manchmal
quando?		wann?
quantus		wie groß
quantum		wie viel
tantum ... quantum		so viel ... wie
quanto ... tanto		je ... desto
quantopere		wie sehr
quasi		gleichsam: gewissermaßen; sozusagen; so als ob
qui, quae, quod		der, die, das; welcher, welche, welches; wer, was
relativischer Anschluss:		und der, und die, und das; aber der, aber die, aber das
quicumque		wer auch immer; jeder, der
quidam		ein gewisser; ein
Pl. quidam		einige

quia	weil
quidem	jedenfalls; wenigstens; jedoch
ne tu quidem	nicht einmal du
non est dubium, quin + Konj.	es ist nicht zweifelhaft, dass
nemo est, quin + Konj.	es gibt niemanden, der nicht = qui non
quin etiam	ja sogar
quo	wohin
quo (= ut eo)	damit dadurch
quo ... eo ...	je ... desto ...
quocum	fragend mit wem; relativ mit dem
quomodo	auf welche Weise; wie
quoniam	da ja
quod	da; weil
quod	was die Tatsache anbetrifft, dass
quoque	auch
quodsi	wenn aber; wenn nun
quot nicht deklinierbar	wie viele
aliquot	einige
quotannis	jedes Jahr
quotiens nicht deklinierbar	wie oft
cur	warum
rapere	rauben
STF	rapio, rapui, raptum
abripere	fortreißen; hinwegraffen
diripere	plündern
eripere	entreißen
raro	selten
recens, -ntis	neu; frisch
regere	regieren; lenken
STF	rego, rexi, rectum
rectus	gerade; richtig
corrigere	berichtigen
dirigere	lenken
pergere	fortsetzen; fortfahren
surgere	aufstehen
STF	surgo, surrexi, surrectum
rogare	bitten; fragen

interrogare		fragen
rex, regis m.		König
regina		Königin
regius		königlich; Königs-
regnare		regieren
regnum		Reich; Herrschaft
regio, -nis f.		Richtung; Gegend
ergo		deshalb; also
repente		plötzlich
reri		berechnen; meinen
	STF	reor, ratus sum,
ratio, -nis f.	1.–3.	1. Überlegung; Vernunft; Plan
		2. Art und Weise
		3. Grund, Rechenschaft
alia ratione ac / atque		auf andere Art als
eadem ratione ac / atque		auf dieselbe Art wie
ratio atque usus		Theorie und Praxis
rationem reddere		Rechenschaft ablegen
res, rei f.	1.–2.	1. Sache; Ding 2. Besitz
ea res / haec res		dies
qua re		wodurch; womit
res adversae		Unglück
res gestae	1.–2.	1. Taten 2. Geschichte
res publica		Staat; Republik; Politik
res secundae		Glück
infecta re		erfolglos; unverrichteter Dinge
re vera		wirklich; tatsächlich
rem gerere		kämpfen
reus		angeklagt
ridēre		lachen
	STF	rideo, risi, risum
deridēre		auslachen
irridēre		verspotten
ripa		Ufer
robur, roboris n.		Kraft
[ruere]		
corruere		zusammenstürzen
ruinae		Ruinen

rumor, -oris m.		Gerücht; Gerede
rumpere		brechen
	STF	rumpo, rupi, ruptum
corrumpere	1.–2.	1. verderben 2. bestechen
rus Akk.		aufs Land
sacer	1.–2.	1. heilig 2. verflucht
sacrum		Heiligtum; Opfer
sacerdos, -otis m.		Priester
sacrificare		opfern
sanctus		heilig
saeculum		Jahrhundert; Zeitalter
saepe		oft
saevus		wild
saevitia		Wildheit
sagitta		Pfeil
salire		springen
desilire		hinabspringen
salvus		gesund; wohlbehalten
salus, -tis f.	1.–2.	1. Wohlergehen 2. Rettung
salutem dicere		grüßen
salutare		grüßen; begrüßen
Salve! Salvete!		Sei gegrüßt! Seid gegrüßt!
sanguis, sanguinis m.		Blut
sanus	1.–2.	1. gesund 2. vernünftig
sanare		heilen
sapiens, -ntis		klug; weise
sapientia		Klugheit; Weisheit
satis		genug
satis cibi		genug Essen Gen. part.; nicht übersetzt
[scandere]		
ascendere		besteigen; hinaufsteigen
conscendere		besteigen; hinaufsteigen
descendere		hinabsteigen
scelus, -eris n.		Verbrechen
scelus committere		ein Verbrechen begehen
sceleratus		verbrecherisch
scelestus		verbrecherisch

schola		Schule
scire		wissen
	STF	scio, scivi, scitum
nescire		nicht wissen
nescio quis		irgendwer
scientia		Wissen; Kenntnis
conscius		mitwissend: eingeweiht
conscientia	1.–2.	1. Bewusstsein 2. Gewissen
scribere		schreiben
	STF	scribo, scripsi, scriptum
inscribere		(dar)aufschreiben; eintragen
inscriptio, -nis f.		Inschrift
obscurus		verborgen; dunkel
scutum		der Schild
secare		schneiden
	STF	seco, secui, sectum
saxum		Felsen; Stein
signum		Zeichen
significare		anzeigen; markieren
designare		bezeichnen; ernennen
insignis, -e		ausgezeichnet
insigne, -is n.		Abzeichen; Kennzeichen
sed		aber; sondern
sedēre		sitzen
	STF	sedeo, sedi, sessum
sedes, -is f.		Sitz; Wohnsitz
seditio, -nis f.		Aufstand
insidiae		Falle; Hinterhalt
obsidēre		belagern
possidēre		besitzen
possessio, -nis f.		Besitz
praesidium	1.–2.	1. Schutz 2. Besatzung
subsidium		Reserve; Hilfe
assiduus		beständig; wiederholt
semel		einmal
semper		immer
singuli		einzelne; je einer
simul		zugleich

51

simul / simulac / simulatque + Perf.		sobald; als + Perf./Plpf.
simulare		so tun, als ob; vorgeben; heucheln
dissimulare		so tun, als ob nicht; verheimlichen
simulacrum		Bild
similis, -e		ähnlich
dissimilis, -e		unähnlich; ungleich
veri similis, -e		wahrscheinlich
simplex, -cis		einfach
senex, senis m.	1.–2.	1. Greis 2. alt
senectus, -tis f.		Alter
senatus, -us m.		Senat
senator, -ris m.		Senator
sentire	1.–2.	1. fühlen; merken
		2. denken; meinen
	STF	sentio, sensi, sensum
sensus, -us m.		Empfindung; Sinn; Verstand
sententia		Meinung; Vorschlag
sententiam dicere		seine Meinung äußern;
		seine Stimme abgeben
assentiri		zustimmen
consentire		zustimmen
sepelire		bestatten
sepulcrum		Grab
sequi		begleiten; folgen
	STF	sequor, secutus sum
amicos sequi		den Freunden folgen
assequi		erreichen
consequi	1.–2.	1. verfolgen 2. einholen; erreichen
persequi		verfolgen
secundus	1.–2.	1. der folgende; der zweite
		2. günstig
res secundae		Glück (res adversae: Unglück)
socius		Bundesgenosse; Kamerad
societas, -tis f.		Bündnis
serere		aneinander reihen
deserere		im Stich lassen
loca deserta		Ödland

52

sors, -tis f.		Los; Schicksal
praesertim Adv.		zumal; besonders
sermo, -nis m.		Gespräch; Rede; Sprache
sero Adv.		spät; zu spät
servare		retten
conservare		bewahren
servus		Sklave
servire		dienen; Sklave sein
servitus, -tis f.		Sklaverei
servitium		Sklaverei; Sklaven
severus		streng
severitas, -tis f.		Strenge
si		wenn
sin		wenn aber
nisi		wenn nicht; außer
nemo nisi imperator		nur der General
nihil ... nisi		nur
non ... nisi		nur
etsi		obwohl
quasi		gleichsam; als wenn
quodsi	1.–2.	1. wenn aber 2. wenn nun
sive ... sive =	1.–2.	1. entweder ... oder
seu ... seu		2. sei es, dass ... oder
sic		so; auf diese Weise
sicut		wie
[sidus]		[Stern]
considerare		betrachten
desiderare		sich sehnen: verlangen; vermissen
desiderium		Sehnsucht
silentium		Schweigen
silva		Wald
sine + Abl.		ohne
sinere		lassen; zulassen
	STF	sino, sivi, situm
desinere		aufhören
ponere	1.–3.	1. setzen 2. stellen
		3. legen
	STF	pono, posui, positum

spem in virtute ponere		seine Hoffnung auf die Tapferkeit setzen
componere		zusammenstellen; verfassen
deponere		niederlegen
disponere	1.–2.	1. aufstellen 2. verteilen
exponere	1.–2.	1. aussetzen 2. darstellen
imponere		darauflegen; auferlegen
proponere		aufstellen; vor Augen stellen
sinister		links
sol, solis m.		Sonne
consolari		trösten
solēre		gewohnt sein; gewöhnlich (tun)
	STF	soleo, solitus sum Semideponens
solitus		gewohnt
solus		allein; nur
solum		allein; nur
solitudo, -nis f.		Einsamkeit
somnus		Schlaf
somnium		Traum
soror, -ris f.		Schwester
spatium		Strecke; Raum
species, -iei f.		Aussehen; Gestalt
spectare		betrachten; schauen
exspectare		erwarten; warten; abwarten
spectator, -oris m.		Zuschauer
spectaculum		Schauspiel
conspectus, -us m.		Anblick
conspicari		erblicken
conspicere		erblicken
	STF	conspicio, conspexi, conspectum
despicere		verachten
perspicere		durchschauen; erkennen
respicere		zurückschauen; berücksichtigen
suspicere		argwöhnen; vermuten
suspicari		argwöhnen; vermuten
suspicio, -nis f.		Verdacht; Vermutung
specus, -us m.		Höhle
spes, -ei f.		Hoffnung

sperare		hoffen
desperare de		verzweifeln an; die Hoffnung aufgeben
[spoliare]		[berauben]
despoliare		berauben
[spondēre]		[geloben]
respondēre		antworten
	STF	respondeo, respondi, responsum
sponte		aus eigenem Antrieb; selbstständig
mea sponte		von mir aus
stare		stehen
	STF	sto, steti, statum
statua		Statue; Standbild
statim		sofort
status, -us m.		Stand; Zustand
constare		feststehen; bestehen (ex: aus)
magno constare		viel kosten
constat		es steht fest; es ist bekannt
constans		standhaft; beständig
constantia		Beständigkeit
instare		bevorstehen; drohen
praestare	1.–3.	1. zeigen; beweisen 2. leisten; erfüllen 3. übertreffen; besser sein z.B.:
1. Sociis fidem praestamus.		Wir beweisen unseren Bundesgenossen Treue.
2. Officium praesto.		Ich erfülle meine Pflicht.
3. Augustus auctoritate omnibus praestitit.		Augustus übertraf alle an Autorität.
Praestat nobis mori quam servire.		Es ist für uns bessser zu sterben als zu dienen.
sistere	1.–2.	1. hinstellen 2. sich hinstellen
	STF	sisto, steti / stiti, –
desistere		von etw. ablassen; mit etw. aufhören
	STF	desisto, destiti, –
consistere		sich aufstellen; Halt machen
resistere		Widerstand leisten
statuere		beschließen
	STF	statuo, statui, statutum

constituere	1.–2.	1. aufstellen 2. beschließen
	STF	constituo, constitui, constitutum
instituere	1.–3.	1. einrichten; unterrichten
		2. beginnen 3. anordnen
institutum		Einrichtung
restituere	1.–2.	1. zurückgeben
		2. wiederherstellen
situs, -a, -um		gelegen
exstinguere		auslöschen; vernichten
	STF	exstinguo, exstinxi, exstinctum
exstruere		erbauen
	STF	exstruo, exstruxi, exstructum
instruere	1.–3.	1. aufstellen 2. ausrüsten
		3. unterrichten
instrumentum		Werkzeug; Gerät
studēre		sich bemühen; sich widmen
studium		Eifer; Beschäftigung; Sympathie
stultus		dumm
suavis, -e		angenehm; liebenswürdig
suadēre		raten; empfehlen
	STF	suadeo, suasi, suasum
persuadēre + Dat.		jm. einreden:
1. + Konj.		1. jn.(dazu) überreden zu …
2. + aci		2. jn.(davon) überzeugen, dass …
Mihi persuasum est.		Ich bin davon überzeugt, dass …
sub + Akk.		unter wohin?
sub + Abl.		unter wo?
sub monte		am Fuß des Berges
sub vesperum		gegen Abend
[suescere]		
consuescere		sich gewöhnen
	STF	consuesco, consuevi, consuetum
consuevi		ich bin es gewohnt
consuetudo, -nis f.		Gewohnheit; Umgang;
		Lebensweise
sui, sibi, se, se		reflexives Personalpronomen: seiner / ihrer, sich auch dt. Personalpronomen: … ihm / ihr, ihn/sie

Se receperunt.		Sie zogen sich zurück.
Se venturum dixit.		Er sagte, er werde kommen.
Se venturam dixit.		Sie sagte, sie werde kommen.
Se venturos dixerunt.		Sie sagten, sie würden kommen.
Eos venturos dixit.		Er sagte, sie würden kommen.
sese =		se
suus		reflexives Possessivpronomen: sein; ihr
sua, -orum n.		seine/ihre Habe
sui, -orum m.		die Seinigen: seine Leute
consul, -lis m.		Konsul
Cn. Pompeio M. Cras-so consulibus		im Konsulatsjahr von Pompejus und Crassus; als P. und C. Konsuln waren
consulatus, -us m.		Konsulat
consulere	1.–3.	1. beraten; beschließen
+ Akk.		2. um Rat fragen
+ Dat.		3. sorgen für
	STF	consulo, consului, consultum
consultum		Beschluss
consultum facere		einen Beschluss fassen
consilium	1.–3.	1. Plan 2. Rat; Ratsversammlung 3. Beschluss; Absicht
eo consilio, ut		mit der Absicht zu
consilium inire		einen Plan fassen
super + Akk.		über; über ... hinaus
superus		überirdisch
superior	1.–3.	1. der obere; der höhere 2. der frühere 3. der überlegene
supremus	1.–2.	1. der oberste 2. der letzte
summus		der oberste; der höchste
summis in montibus		oben auf den Bergen; auf den Gipfeln
in summis montibus		auf den höchsten Berge
summa		Hauptsache; Gesamtheit
superare	1.–2.	1. überwinden; besiegen 2. übertreffen
superbus		arrogant
superbia		Arroganz
supra + Akk.		oberhalb
supra Adv.		oberhalb; oben
supplicium		Strafe; Todesstrafe

taberna		Gasthaus
tabula		Tafel; Karte; Gemälde
tabella		Tafel; Liste
tacēre		schweigen
tacitus		schweigend
tam		so
tamquam		so wie; als ob
talis		so beschaffen; so ein; ein solcher
tantus		so groß
tantum ... quantum		so viel ... wie
tantum		nur
tantopere		so sehr
tamen		dennoch
tandem		endlich
tum = tunc	1.–2.	1. damals 2. dann; darauf
tum, cum		damals, als
tot		so viele
tot ... quot		so viele ... wie
totiens		so oft
totiens ... quotiens		so oft ... wie
tangere		berühren
	STF	tango, tetigi, tactum
integer		unversehrt; frisch
attingere		berühren; angrenzen
contingit		es passiert; es glückt
tardus		langsam
taurus		Stier
tegere		bedecken; schützen
	STF	tego, texi, tectum
tectum		Dach; Haus
toga		Toga Gewand
tela Pl. n.		Geschosse; Waffen
tellus, telluris f.		Erde
[temnere]		
contemnere		verachten
	STF	contemno, contempsi, contemptum
temeritas, -tis f.		Unbesonnenheit
templum		Tempel

contemplari		betrachten
temptare		versuchen
tempus, -oris n.		Zeit
ex eo tempore		seit dieser Zeit
tempestas, -tis f.		Zeit; Wetter; Unwetter
temperare		das rechte (Zeit-)Maß setzen; mäßigen; lenken
temperantia		Mäßigung; Selbstbeherrschung
tendere		spannen; ausstrecken
	STF	tendo, tetendi, tentum
attentus		aufmerksam
contendere	1.–4.	1. sich anstrengen 2. eilen 3. kämpfen 4. verlangen; behaupten
contentus		zufrieden
extendere		ausdehnen; ausstrecken
intendere		anspannen; richten auf
ostendere		entgegenstrecken; zeigen; erklären
	STF	ostendo, ostendi, ostentum
tenēre		halten; haben
	STF	teneo, tenui, –
abstinēre		sich enthalten
continēre	1.–2.	1. enthalten; umfassen 2. festhalten
continuus		zusammenhängend; ununterbrochen
obtinēre	1.–2.	1. innehaben; behaupten 2. erhalten
pertinēre		sich erstrecken; sich beziehen
pertinacia		Hartnäckigkeit
retinēre		zurückhalten
sustinēre		aushalten
tenuis, -e		fein; dünn; schmal
[terere]		[reiben]
detrimentum		Schaden
tergum		Rücken
terra		Erde; Land
ubi terrarum		wo in aller Welt
terra marique		zu Lande und zu Wasser
terrēre		jn. erschrecken ich erschreckte ihn
	STF	terreo, terrui, territum

terrēri		erschreckt werden ich wurde erschreckt: erschrecken ich erschrak
deterrēre		abschrecken
perterrēre		sehr erschrecken
terror, -oris m.		Schrecken
testis, -is m.		Zeuge
testimonium		Zeugnis
theatrum		Theater
timēre		fürchten; sich fürchten
timeo, ne cadat.		ich fürchte, dass er fällt.
timor, -oris m.		Furcht
timor hostium	1.–2.	1. Furcht der Feinde Gen. subiectivus 2. Furcht vor den Feinden Gen. obiectivus
timidus		ängstlich
tollere	1.–2.	1. aufheben; erheben 2. beseitigen
	STF	tollo, sustuli, sublatum
tolerare		ertragen
totus		ganz Gen. totius, Dat. toti
trahere		ziehen; schleppen
	STF	traho, traxi, tractum
contrahere		zusammenziehen
detrahere		abziehen; wegziehen
extrahere		herausziehen
trans + Akk.	1.–2.	1. über; über ... hinaus 2. jenseits
trepidare		sich ängstigen
tribuere		zuteilen
	STF	tribuo, tribui, tributum
attribuere		zuteilen
tributum		Tribut; Steuer
tribunus plebis		Volkstribun
tristis, -e		traurig; finster
tristitia		Traurigkeit
triumphus		Triumph(zug)
trucidare		töten; umbringen
tu		du
tuus		dein
tuba		Trompete

tuēri		beschützen
tutus		sicher
tutus ab hostibus		sicher vor den Feinden
tuto Adv.		sicher
tumultus, -us m.		Lärm
contumelia		Misshandlung; Schmach
turba		Lärm; Menschenmenge
perturbare		in Unordnung bringen; verwirren
turpis, -e		hässlich; schändlich
turris, -is f.		Turm
tyrannus		Tyrann Alleinherrscher
ubi?		wo?
ubi	1.–2.	1. wo 2. sobald
ubi primum		sobald
ubique		überall
unde		woher
undique		von allen Seiten; auf allen Seiten
ulcisci	1.–2.	1. rächen 2. sich rächen an
	STF	ulciscor, ultus sum
patrem ulcisci		den Vater rächen
proditorem ulcisci		sich am Verräter rächen =
		den Verräter bestrafen
ullus		irgendein; ein Gen. ullius, Dat. ulli
neque ullus		und keiner
nullus		keiner; kein
nonnulli		einige
umbra		Schatten
unda		Welle
abundare		Überfluss haben
unus		ein; ein einziger Gen. unius, Dat. uni
ad unum omnes		alle ohne Ausnahme
una Adv.		zusammen
unicus		einzig
universus		gesamt; allgemein
universi		alle
non		nicht
non modo ... sed etiam		(nicht nur ... sondern auch); ... und

non iam		nicht mehr
non ... nisi		nur
nondum		noch nicht
nonne?		(etwa) nicht?
nonnulli		einige
nonnumquam		manchmal
urbs, urbis f.		Stadt; Rom
urbanus	1.–2.	1. großstädtisch; zu Rom gehörig
		2. gebildet
urere		brennen; verbrennen
	STF	uro, ussi, ustum
usque ad		bis zu
ut / uti + Ind.		wie
ut / uti + Konj.	1.–2.	1. final: dass; damit; (um) zu
		2. konsekutiv: sodass z.B.:

Edimus, ut vivamus. — final: Wir essen, um zu leben.
Amicos oravit, ut venirent. — final: Er bat seine Freunde zu kommen.
Ita terrebantur, — konsekutiv: Sie erschraken so, dass sie
    ut tacerent. — schwiegen.

utinam!		wenn doch! hoffentlich!
velut		als ob
uter		welcher von beiden
uterque		jeder von beiden; beide
neuter		keiner von beiden
utrum ... an ... ?		im HS: ... oder ... ?
		im GS: ob ... oder ...
uti + Abl.		etw. gebrauchen; etw. benutzen
	STF	utor, usus sum

Marco utor amico. — Ich habe Markus zum Freund.
Servis utor magistris. — Ich setze Sklaven als Lehrer ein.

utilis, -e		nützlich; brauchbar
utilitas, -tis f.		Nutzen
usus, -us m.	1.–3.	1. Gebrauch 2. Nutzen
		3. Erfahrung
usui esse		Nutzen bringen; nützlich sein
uxor, -ris f.		Ehefrau
vacuus		leer

vacare		leer sein; frei sein
evadere		entkommen
	STF	evado, evasi, evasum
invadere		eindringen
vagari		umherstreifen
valēre		gesund sein; stark sein
plurimum valēre		größten Einfluss haben
vale!		leb wohl!
validus		stark
valde		sehr
valetudo, -inis f.		Gesundheit
varius		verschieden; bunt; mannigfaltig
vas, vasis n.		Gefäß
vastus		wüst
vastare		verwüsten
-ve angehängt		oder
vehere		fahren transitiv: jn. / etw.
	STF	veho, vexi, vectus
vehi		fahren intransitiv: Romam vehor.
		Ich fahre nach Rom.
	STF	vehor, vectus sum
vehemens, -ntis		heftig
vexare		quälen; bedrängen
vel		oder; oder auch
vel ... vel		entweder ... oder; ... oder
velle		wollen
	STF	volo, volui, –
voluntas, -tis f.		Wille; Wunsch
voluptas, -tis f.		Vergnügen; Lust
invitare		einladen
invitus		widerwillig; gegen den Willen
me invito		gegen meinen Willen
malle		lieber wollen
	STF	malo, malui, –
nolle		nicht wollen
	STF	nolo, nolui, –
Noli me tangere!		Rühr mich nicht an! verneinter Imperativ
venari		jagen

venator, -ris m.		Jäger
venenum		Gift
venire		kommen
advenire		ankommen
adventus, -us m.		Ankunft
circumvenire		umzingeln
contio, -nis f.		(Volks-)Versammlung
convenire		zusammenkommen; treffen
evenire		herauskommen; sich ereignen
eventus, -us m.		Erfolg
invenire		finden; entdecken
pervenire		hinkommen; erreichen
subvenire		zu Hilfe kommen; unterstützen
venter, -tris m.		Bauch
ventus		Wind
ver, veris n.		Frühling
verbera, -um n.		Schläge
verberare		prügeln; schlagen
verbum		Wort
verēri		Bedenken haben; verehren; fürchten
Vereor id facere.		Ich habe Bedenken, das zu tun.
Deos veretur.		Er verehrt die Götter.
Vereor, ne cadat.		Ich fürchte, dass er fällt.
vertere		wenden
	STF	verto, verti, versum
avertere		abwenden
animadvertere		bemerken
	STF	animadverto, animadverti, animadversum
convertere		wenden
evertere		umkehren; zerstören
adversus	1.–2.	1. zugewandt 2. feindlich
adversus hostem		gegen den Feind
res adversae		Unglück (res secundae: Glück)
adversarius		Gegner
controversia		Streit
diversus		entgegengesetzt; verschieden

reverti		zurückkehren
	STF	revertor, reverti, reversus Semideponens
reversus		zurückgekehrt
rursus	1.–2.	1. wieder 2. rückwärts
universus		gesamt; allgemein
universi		alle
oportet		es ist nötig; man muss
versari		sich aufhalten
verus		wahr
vere		wahrhaft; echt
vero		wirklich; vollends; aber
verum		aber; sondern
re vera		wirklich; in Wirklichkeit
veritas, -tis f.		Wahrheit
vesper		Abend
sub vesperum		gegen Abend
vestigium		Spur
investigare		aufspüren
vestis, -is f.		Kleid; Bekleidung
vestire		bekleiden
vetare		verbieten
	STF	veto, vetui, vetitum
vetus, veteris m.+ f.+ n.!		alt
veteranus		Veteran gewesener Soldat
via		Weg; Straße
obviam		entgegen
viator, -ris m.		Wanderer
vicus		Dorf
vicinus		benachbart; Nachbar
villa		Landhaus; Gut
vidēre		sehen
	STF	video, vidi, visum
vidēri		(er)scheinen; einen Eindruck erwecken
	STF	videor, visus sum
Sapiens esse videris.		Du scheinst klug zu sein;
		du erweckst den Eindruck, klug zu sein.
dividere		trennen; teilen
	STF	divido, divisi, divisum

invidēre + Dat.		jn. beneiden
invidia	1.–2.	1. Neid 2. Hass
providēre + Dat.		für jn. sorgen
+ Akk.	1.–2.	1. vorhersehen 2. besorgen
prudens		klug
prudentia		Klugheit
visitare		besuchen
vilis, -e		billig
vincere		siegen; besiegen
	STF	vinco, vici, victum
invictus		unbesiegt; unbesiegbar
victor, -ris m.		Sieger
victoria		Sieg
devincere		völlig besiegen
vincire		fesseln
	STF	vincio, vinxi, vinctum
vinculum		Fessel; Band
vincula		Gefängnis
vindicare	1.–3.	1. beanspruchen 2. befreien
		3. bestrafen
vinum		Wein
vir		Mann
virtus, -tis f.	1.–2.	1. Tapferkeit
		2. Tüchtigkeit; Tugend
curia	1.–2.	1. Rathaus 2. Senatsversammlung
virgo, -ginis f.		Jungfrau; Mädchen
vis (vim; vi; vires) f.		Kraft; Gewalt
vim facere		Gewalt anwenden
vires, -ium f.		Kräfte; Streitkräfte
violare		verletzen
vitare		vermeiden
vitium		Fehler; negative Eigenschaft
vituperare		tadeln
vivere		leben
	STF	vivo, vixi, victum
conviva		Gast
convivium		Gastmahl
victus, -us m.		Lebensweise; Lebensunterhalt

vita		Leben
vitam agere		sein Leben verbringen; leben
vivus		lebendig
vix		kaum
volvere		wälzen; rollen
	STF	volvo, volvi, volutum
vos		ihr
vester		euer
quis vestrum?		wer von euch? Gen. partitivus
odium vestri		Hass auf euch Gen. obiectivus
vovēre	1.–2.	1. geloben 2. wünschen
	STF	voveo, vovi, votum
votum		Gelübde; Gebet
vox, -cis f.		Stimme
vocare		rufen; nennen
advocare		herbeirufen
convocare		zusammenrufen
revocare		zurückrufen
vulgus, vulgi n.		Menge; Volk
vulnus, -neris n.		Wunde
vulnerare		verwunden
vultus, -us m.		Gesicht; Miene

Index

aggredi	gradi	animo deficere	anima; facere
agmen, -nis n.	agere	animus	anima
agricola	ager	annus	annus
ait	ait	ante + Akk.	ante
alere	alere	antea	ante
alia ratione ac / atque	reri	antiquus	ante
alias Adv.	alius	anxius	angustus
alienus	alius	aperire	aperire
alii / ceteri	alius	apertus	aperire
aliquando	alius	apparēre	parere 1
aliqui, aliquae, aliquod	alius	appellare	pellere
aliquid novi	alius	apportare	porta
aliquis, aliquid	alius	appropinquare	prope
aliquot	quis	aptus	aptus
aliter atque	ad	apud + Akk.	aptus
alius	alius	aqua	aqua
alius alia de causa	alius	ara	ara
alius / aliter atque	alius	arbitrari	arbitrari
alius … alius	alius	arbitrium	arbitrari
alius atque	ad	arbor, -ris f.	arbor
alter, -a, -um	alius	arcēre	arcere
alter … alter	alius	arcessere	arcessere
altitudo, -nis f.	alere	arcus, -us m.	arcus
altus	alere	ardēre	ardere
amare	amare	arena	arena
ambitio, -nis f.	ire	argentum	argentum
amicitia	amare	arma, -orum n.	arma
amicitiae confisus	fidus	armare	arma
amicos sequi	sequi	armatus	arma
amicum quaerere	quaerere	ars, artis f.	ars
amicus	amare	arx, -cis f.	arcere
amittere	mittere	ascendere	scandere
amor, -ris m.	amare	asinus	asinus
amplius	amplus	asper, -a, -um	asper
amplus	amplus	assentiri	sentire
an?	an?	assequi	sequi
ancilla	ancilla	assiduus	sedere
angustus	angustus	at	at
anima	anima	ater, atra, atrum	ater
animadvertere	anima; vertere	atque / ac	ad
animal, -lis n.	anima	atrox, -cis	ater; oculus
animi hominum	anima	attentus	tendere

attingere	tangere	brevitas, -tis f.	brevis
attribuere	tribuere	cadere	cadere
auctor, -ris m.	augere	caedere	cadere
auctoritas, -tis f.	augere	caedes, -is f.	cadere
audacia	audere	caelum	caelum
audax, -cis	audere	Caesare mortuo	mori
audēre	audere	calidus	calor
audire	audire	callidus	callidus
auferre	ferre	calor, -ris m.	calor
augēre	augere	campus	campus
augēri	augere	candidatus	candidatus
aureus	aurum	canere	canere
auris, -ris f.	auris	canis, -is m./f.	canis
aurum	aurum	capere	capere
aut	aut	capitis damnare	caput
aut ... aut	aut	captivus	capere
autem	aut	caput, capitis n.	caput
auxilia, -orum n.	augere	carēre + Abl.	carere
auxiliari	augere	carmen, -nis n.	canere
auxilio mittere	augere; mittere	caro, carnis f.	caro
auxilium	augere	carus	carus
auxilium ab amico petere	petere	castra, -orum n.	castra
		casu	cadere
avaritia	avaritia	casus, -us m.	cadere
avertere	vertere	causa	causa
barbarus	barbarus	causam dicere	dicere
bellum	bellum	cautus	cavere
bellum civile	civis	cavēre	cavere
bellum gerere	bellum; gerere	cedere	cedere
bene accidit, ut	bonus; cadere	celare	celare
bene Adv.	bonus	celebrare	celebrare
beneficium	facere	celer, -is, -e	celer
benigne	bonus	celeritas, -tis f.	celer
bestia	bestia	celeriter Adv.	celer
bibere	bibere	cena	cena
biduum	dies	cenare	cena
blandus	blandus	censēre	censere
bona, orum n.	bonus	cernere	cernere
bonus	bonus	certamen, -nis n.	cernere
bos, bovis m./f.	bos	certare	cernere
brevi	brevis	certe Adv.	cernere
brevis, e	brevis	certus	cernere

exire	ire	ferox, -cis	ferus
existimare	aes	ferre	ferre
expellere	pellere	ferreus	ferrum
experiri	peritus	ferri	ferre
expertus	peritus	ferrum	ferrum
exponere	sinere	ferus	ferus
expugnare	pugna	festus	feriae
exspectare	species	fidelis, e	fidus
exstinguere	exstinguere	fidem habēre	habere
exstruere	exstruere	fides, fidei f.	fidus
extendere	tendere	fidus	fidus
exterior	extra	fieri	facere
externus	extra	figura	fingere
extra + Akk.	extra	filia	felix
extrahere	trahere	filius	felix
extremus	extra	fines, -ium m.	finire
faber	faber	fingere	fingere
fabula	fari	finire	finire
facere	facere	finis, -is m.	finire
facies, faciei f.	facere	finitimus	finire
facile Adv.	facere	firmare	firmus
facilis, -e	facere	firmus	firmus
facinus, -noris n.	facere	flagitium	flagitium
factum	facere	flamma	flamma
facultas, -tis f.	facere	flectere	flectere
fallere	fallere	flēre	flere
falsus	fallere	florēre	flos
fama	fari	flos, floris m.	flos
fames, -is f.	fames	fluctus, -us m.	fluere
familia	familia	fluere	fluere
familiaris	familia	flumen, nis n.	fluere
fari	fari	fluvius	fluere
fas	fari	foedus	foedus
fatigare	fatigare	foedus, -eris n.	fidus
fatum	fari	fons, fontis m.	fons
favēre	favere	fore	esse; fore
fax, -cis f.	fax	forma	forma
felix, felicis	felix	fortasse	ferre
femina	felix	forte	ferre
fenestra	fenestra	fortis, -e	fortis
fere	fere	fortissimus quisque	fortis; quis
feriae	feriae	fortiter	fortis

75

fortitudo, -nis f.	fortis	gratus	gratus
fortuna	ferre	gravis, -e	gravis
fortunae	ferre	gravitas, -tis f.	gravis
forum	forum	grex, gregis m.	grex
frangere	frangere	habēre	habere
frangi	frangere	habitare	habere
frater, fratris m.	frater	hasta	hasta
fraudare	fraus	haud	haud
fraus, -dis f.	fraus	heri	heri
frequens, -ntis	frequens	hic, haec, hoc	hic
frigidus	frigus	hic / huc / hinc	hic
frigus, frigoris n.	frigus	hiems, -mis f.	hiems
frons, frontis f.	frons	Hoc mihi curae est.	cura
fructus, -us m.	frui	hodie	dies; hic
frui + Abl.	frui	homo, hominis m.	homo
frumentum	frui	honestus	honor
frustra	fraus	honor, -ris m.	honor
fuga	fugere	hora	hora
fugere	fugere	horribilis, -e	horribilis
fugitivus	fugere	hortari	hortari
fundere	fundere	hortus	hortus
fur, -ris m.	ferre	hospes, hospitis m.	hostis
furere	furere	hospitalis, -e	hostis
furor, -ris m.	furere	hostis, -is m.	hostis
futurus	esse	humanitas, -tis f.	homo
gaudēre + Abl.	gaudere	humanus	homo
gaudio affectus	facere	iacere	iacere
gaudium	gaudere	iacēre	iacere
gens, gentis f.	gens	iactare	iacere
genus, generis n.	gens	iam	is
gerere	gerere	ianua	ire
geri	gerere	ibi	is
gignere	gens	idem atque	ad
gladiator, -ris m.	gladius	idem, eadem, idem atque / qui	is
gladius	gladius	idoneus	idoneus
gloria	gloria	igitur	agere
gloriari	gloria	ignarus	gnarus
gratia	gratus	ignavia	ignavia
gratiam habēre	gratus; habere	igneus	ignis
gratiam referre	ferre; gratus	ignis, ignis m.	ignis
gratias agere	gratus	ignobilis, -e	gnoscere
gratulari	gratus		

ignominia	nomen	incitare	cito
ignorare	gnoscere	includere	claudere
ignoscere	gnoscere	incognitus	gnoscere
ignotus	gnoscere	incola	colere
ille, illa, illud	ille	incolere	colere
illudere	ludere	incolumis, -e	clades
illustris, -e	lux	incommodum	modus
imago, imaginis f.	imago	incredibilis, -e	dare
imitari	imago	inde	is
immensus	mensa	indicere	dicere
imminēre	mons	inducere	ducere
impedimentum	pes	infecta re	facere; res
impedire	pes	inferior	inferior
impellere	pellere	inferre	ferre
imperare	parere	infimus	inferior
imperata facere	facere	ingenium	gens
imperator, -ris m.	parere	ingens, -ntis	gens
imperatum	parere	ingratus	in
imperitus + Gen.	peritus	ingredi	gradi
imperium	parere	inimicus	amare
impetrare	impetrare	iniquus	aequus
impetus, -us m.	petere	inire	ire
impius	pius	initium	ire
implorare	plorare	iniuria	ius
imponere	sinere	iniustus	ius
importare	porta	innumerabilis, -e	numerus
imprimis	prior	inopia	ops
improbus	probare	inopinans	opinio
in-	in-	inquit	inquit
in + Abl.	in	inscribere	scribere
in + Akk.	in	inscriptio, -nis f.	scribere
in animo habēre	anima; habere	insidiae	sedere
in dies	dies; in	insigne, -nis n.	secare
in eundo	in	insignis, -e	secare
in media insula	medius	instare	stare
in summis montibus	super	instituere	stare
in summo monte	mons	institutum	stare
inanis, -e	inanis	instruere	exstruere
incendere	accendere	instrumentum	exstruere
incendium	accendere	insula	insula
incidere	cadere	integer, -a, -um	tangere
incipere	capere	intellegere	legere

liberare	liber	mane	mane
liberi	liber	manēre	manere
libertas, -tis f.	liber	manu propria	proprius
libertus	liber	manus, -us f.	manus
libido, -nis f.	libenter	mare, maris n.	mare
licet	licet	maritimus	mare
ligneus	lignum	maritus	maritus
lignum	lignum	mater, matris f.	mater
limes, -tis m.	limes	materia	mater
lingua	lingua	matrimonium	mater
littera	littera	maturus	maturus
litterae	littera	maximam partem	pars
litus, litoris n.	litus	maxime	magnus
loca deserta	serere	me invito	vel
loca, locorum n.	locus	mea sponte	sponte
locus	locus	media in insula	medius
longe maximus	longus	medicina	medicus
longitudo, -nis f.	longus	medicus	medicus
longus	longus	mediocris, -e	medius
loqui	loqui	medius	medius
ludere	ludere	melior, -ius	bonus
ludus	ludere	melius quam	quis
luna	lux	meminisse, memini	memor
lupus	lupus	memor, -ris + Gen.	memor
lux, lucis f.	lux	memoria	memor
luxuria	luxus	memoria dignus	decet
luxus, -us m.	luxus	memoria patrum	memor
maestus	maestus	mens, mentis f.	mens
magis	magnus	mensa	mensa
magistratus, -us m.	magnus	mensis, -is m.	mensis
magni aestimare	aes	mentiri	mens
magnitudo, -nis f.	magnus	mercator, -ris m.	merx
magno constare	stare	merēre	merere
magno in honore esse	honor	meridies, -iei m.	dies; medius
magnopere	ops	merito	merere
magnus	magnus	merx, mercis f.	merx
maior, maius	magnus	metuere	metus
malle	magnus; vel	metus, -us m.	metus
malum	malus	meum est	esse
malus	malus	meus	ego; meus
mandare	mandare	migrare	migrare
mandatum	mandare	Mihi persuasum est.	suadere

miles, -tis m.	miles	mortuus	mori
militaris, -e	miles	mos, moris m.	mos
militia	miles	motus, -us m.	movere
minae	minae	movēre	movere
minari	minae	mox	mox
minime	minor; parvus	mulier, -ris f.	mulier
minimus	minor; parvus	multi	multus
minister	minor	multi nostrum	nos
minor, minus	minor; parvus	multitudo, -nis f.	multus
minuere	minor	multo maior	multus
mirabilis, -e	mirus	multum vini	multus
mirari	mirus	multus	multus
mirus	mirus	mundus	mundus
miscēre	miscere	municipium	munus
miser, -a, -um	miser	munire	moenia
miseria	miser	munitio, -nis f.	moenia
misericordia	cor; miser	munus, -eris n.	munus
mittere	mittere	murus	moenia
mobilis, -e	movere	mutare	mutare
modestia	modus	nam	nam
modestus	modus	narrare	gnarus
modicus	modus	nasci	gens
modo	modus	natio, -nis f.	gens
modo ... modo	modus	natura	gens
modus	modus	natus, viginti annos	gens
moenia, moenium n.	moenia	nauta, -ae m.	navis
moles, -is f.	moles	navigare	navis
moleste ferre	ferre; moles	navigium	navis
molestus	moles	navis, -is f.	navis
mollire	mollis	ne	ne
mollis, -e	mollis	ne + Konj.	ne
monēre	memor	ne ... quidem	ne
mons, montis m.	mons	ne tu quidem	quis
monstrare	mens	nec / neque	ne
monumentum	memor	necare	necare
morbus	morbus	necessarius	cedere
more maiorum	mos	necesse	cedere
mores, morum m.	mos	necessitas, -tis f.	cedere
mori	mori	nefarius	fari
mors, -tis f.	mori	nefas	fari
mortalis, -e	mori	negare	negare
mortem obire	ire: mori	neglegere	legere

odium nostri	nos	ornamentum	ordo
odium vestri	vos	ornare	ordo
offendere	defendere	os, oris n.	os
offerre	ferre	ostendere	tendere
officium	facere; ops	ostium	os
olim	ille	otiosus	otium
omen, ominis n.	omen	otium	otium
omnes, omnia	omnis	ovis, ovis f.	ovis
omnino	omnis	p. Chr. n.	gens
omnis, -e	omnis	pacare	pax
onerare	onus	paene	paene
onus, oneris n.	onus	Paene cecidi.	paene
opera	ops	palam	palam
operam dare	ops	par, paris	par
opes, opum f.	ops	parare	parere
opinari	opinio	paratus	parere
opinio, -nis f.	opinio	parcere + Dat.	parcere
opinione celerius	opinio	parentes, -um	parere
oportet	ops; vertere	parēre	parere
oppidum	oppidum	parere	parere
opportunus	porta	pars, -tis f.	pars
opprimere	premere	partim	pars
oppugnare	pugna	partiri	pars
ops, opis f.	ops	parum	parvus
optare	optare	parvus	parvus
optimus	bonus; ops	passim	patere
optimus quisque	ops	passus, -us m.	patere
opulentus	ops	pater, patris m.	pater
opus est	ops	patēre	patere
opus, operis n.	ops	pati	pati
ora	os	patiens, -ntis	pati
oraculum	os	patrem ulcisci	ulcisci
orare	os	patres conscripti	pater
oratio, -nis f.	os	patria	pater
orationem habeo	habere	patrius	pater
orator, -ris m.	os	pauci	pauci
orbis, orbis m.	orbis	paucis diebus ante	ante
orbis terrarum	orbis	paulatim	paulum
ordo, ordinis m.	ordo	paulo	paulum
oriens, -ntis m.	oriri	paulo post	paulum
origo, originis f.	oriri	paulum	paulum
oriri	oriri	pauper, -is	paulum

posteaquam	post	primum	prior
posteri	post	primus	prior
posterior	post	princeps, -pis m.	capere; prior
postero die	post	principatus, -us m.	capere; prior
posterus	post	principium	capere; prior
postquam	post	prior, prius	prior
postremo	post	pristinus	prior
postremus	post	prius	prior
postridie	dies; post	priusquam	prior
postulare	poscere	privatus	privatus
potens	esse; potius	pro	pro
potentia	esse; potius	probare	probare
potestas, -tis f.	esse; potius	probus	probare
potiri	esse; potius	procedere	cedere
potius	potius	procul	procul
praebēre	habere	prodere	dare
praeceps	caput	prodesse	esse
praeclarus	clamare	proelium	proelium
praeda	prehendere	profecto Adv.	facere
praedari	prehendere	proficisci	facere
praeesse	esse	progredi	gradi
praefectus	facere	prohibēre	habere
praemium	emere	proicere	iacere
praesens	esse	promere	emere
praesertim Adv.	serere	promittere	mittere
praesidium	sedere	promptus	emere
praestare	stare	pronuntiare	novus
praeter + Akk.	praeter	prope + Akk.	prope
praeter opinionem	praeter	properare	prope
praeterea	praeter	propinquus	prope
praeterire	ire	propior, propius	prope
praetermittere	mittere	proponere	sinere
praetor, -ris m.	ire	proprius	proprius
precari	preces	propter + Akk.	prope
preces, precum f.	preces	propterea	prope
premere	premere	providēre + Dat.	videre
pretiosus	pretium	provincia	provincia
pretium	pretium	proximus	prope
pridie	dies	prudens	videre
prima luce	lux	prudentia	videre
prima nocte	nox; prior	publice	populus
primo	prior	publicus	populus

84

pudor, -ris m.	pudor	quidam	quis
puella	puer	quidam Plural	quis
puer	puer	quidem	quis
pueritia	puer	quies, quietis f.	quies
pugna	pugna	quietus	quies
pugnare	pugna	quin etiam	et; quis
pulcher, -a, -um	pulcher	quinto quoque anno	quis
pulchritudo, -nis f.	pulcher	quis?	quis
punire	poena	quis / quisquam	quis
purgare	purus	quis vestrum?	vos
purus	purus	quisque	quis
putare	putare	quisquis	quis
qua	quis	quo?	quis
qua de causa	causa; quis	quo ... eo	is; quis
qua re?	quis	quo facto	facere
qua re?	res	quo modo	modus
quae cum ita sint	is	quo modo?	quis
quaerere	quaerere	quo (= ut eo)	quis
quaeso	quaerere	quocum?	quis
quaestio, -nis f.	quaerere	quod	quis
quaestor, -ris m.	quaerere	Quod erat	mens
qualis, -e	quis	demonstrandum.	
quam	quis	quodsi	quis; si
quam maximis itineribus	magnus	quoniam	quis
		quoque	quis
quam optime	quis	quot	quis
quam parvus	quis	quotannis	annus; quis
quam primum	prior	quotiens	quis
quamdiu?	quis	rapere	rapere
quamquam	quis	raro	raro
quando?	quis	ratio atque usus	reri
quanto ... tanto	quis	ratio, -nis f.	reri
quantopere	quis	rationem reddere	reri
quantus	quis	re vera	res; verus
quasi	quis; si	recens, -ntis	recens
que	que	recipere	capere
queri	queri	recordari	cor
qui, quae, quod	quis	rectus	regere
quia	quis	recuperare	capere
quibus rebus cognitis	gnoscere	reddere	dare
quicumque	quis	redire	ire
quid / quicquam	quis	reditus, -us m.	ire

scutum	scutum	signum	secare
se	sui	silentium	silentium
se conferre	ferre	silva	silva
se recipere	capere	similis, -e	semel
se reficere	facere	simplex, -cis	semel
secare	secare	simul	semel
secundus	sequi	simul / simulac /	semel
securus	cura	simulatque + Perf.	
sed	sed	simulacrum	semel
sedēre	sedere	simulare	semel
sedes, -is f.	sedere	sin	si
seditio, -nis f.	sedere	sine + Abl.	sine
semel	semel	sinere	sinere
semper	semel	singuli	semel
senator, -ris m.	senex	sinister, -a, -um	sinister
senatum habēre	habere	sistere	stare
senatus, -us m.	senex	situs, -a, -um	stare
senectus, -tis f.	senex	sive ... sive /	si
senex, senis m.	senex	seu ... seu	
sensus, -us m.	sentire	societas, -tis f.	sequi
sententia	sentire	socius	sequi
sententiam dicere	sentire	sol, solis m.	sol
sentire	sentire	solēre	solere
sepelire	sepelire	solitudo, -nis f.	solus
sepulcrum	sepelire	solitus	solere
sequi	sequi	sollicitare	cito; lacessere
serere	serere	solum	solus
sermo, -nis m.	sermo	solus	solus
sero Adv.	sero	solvere	luere
servare	servare	somnium	somnus
servire	servus	somnus	somnus
servitium	servus	soror, -ris f.	soror
servitus, -tis f.	servus	sors, -tis f.	serere
servus	servus	spatium	spatium
sese = se	sui	spe inductus	ducere
severitas, -tis f.	severus	species, -iei f.	species
severus	severus	spectaculum	species
si	si	spectare	species
sibi	sui	spectator, -ris m.	species
sic	sic	specus, -us m.	specus
sicut	sic	spem in virtute	sinere
significare	facere; secare	ponere	

sperare	spes	supra + Akk.	super
spes, spei f.	spes	supremus	super
sponte	sponte	surgere	regere
stare	stare	suscipere	capere
statim	stare	suspicari	species
statua	stare	suspicere	species
statuere	stare	suspicio, -nis f.	species
status, -us m.	stare	sustinēre	tenere
studēre	studere	suus, -a, -um	sui
studium	studere	tabella	tabula
stultus	stultus	taberna	taberna
sua, -orum n.	sui	tabula	tabula
suadēre	suadere	tacēre	tacere
suavis, -e	suavis	tacitus	tacere
sub + Abl.	sub	talis	tam
sub + Akk.	sub	tam	tam
sub monte	mons; sub	tamen	tam
sub vesperum	sub; vesper	tamquam	tam
subire	ire	tandem	tam
subito	ire	tangere	tangere
submittere	mittere	tantopere	ops; tam
subsidium	sedere	tantum	tam
subvenire	venire	tantum ... quantum	quis; tam
sui, -orum m.	sui	tantus	tam
sui, sibi, se, se	sui	tardus	tardus
sumere	emere	taurus	taurus
summa	super	tectum	tegerc
summis in montibus	super	tegere	tegere
summo in monte	mons	tela Pl.n.	tela
summus	super	tellus, telluris f.	tellus
sumptus, -us m.	emere	temeritas, -tis f.	temnere
sunt, qui credant	esse	temperantia	tempus
super + Akk.	super	temperare	tempus
superare	super	tempestas, -tis f.	tempus
superbia	super	templum	templum
superbus	super	temptare	temptare
superesse	esse	tempus, -poris n.	tempus
superior	super	tendere	tendere
superus	super	tenēre	tenere
supplicium	placare	tenuis, -e	tenuis
supplicium	supplicium	tergum	tergum
supra Adv.	super	terra	terra

vitium	vitium	vos	vos
vituperare	vitium	votum	vovere
vivere	vivere	vovēre	vovere
vivus	vivere	vox, vocis f.	vox
vix	vix	vulgus, -i n.	vulgus
vocare	vox	vulnerare	vulnus
voluntas, -tis f.	vel	vulnus, -neris n.	vulnus
voluptas, -tis f.	vel	vultus, -us m.	vultus
volvere	volvere		

Lumina

Lehrgang für Latein als 2. Fremdsprache

Lumina besteht aus einem Text- und Übungsband mit Vokabel-Beiheft, der ergänzt wird von einer lektionsweise vorgehenden Begleitgrammatik sowie Arbeitsheften, Lehrerband, Software und Materialien zur Freiarbeit.

Das Werk ist einbändig und führt schnellstmöglich zur Lektürefähigkeit. Das Grammatikpensum beschränkt sich folgerichtig konsequent auf das für den Lektürebeginn Notwendige. Originelle, motivierende Texte ermöglichen einen an modernen fachdidaktischen Ansprüchen orientierten Lateinunterricht.

Die Übungen sind vielfältig und abwechslungsreich: Jede Lektion enthält Fragen zur Textarbeit und ansprechend gestaltete Aufgaben zu Wortschatz, Formenlehre und Syntax. Altersgerecht formulierte, teilweise dialogisierte deutsche Informationstexte ermöglichen erste Einblicke in die römische Kultur und deren Nachwirken. Zahlreiche farbige Abbildungen fordern zur weiteren sachbezogenen Auseinandersetzung mit dem Lektionsthema heraus und sorgen für eine freundliche Optik. Das Layout ist ansprechend und übersichtlich und unterstützt den methodischen Zugang zum Unterrichtsstoff durch klare Zuordnungen und Gliederungshilfen.

clara. Kurze lateinische Texte

1: Cicero zum Kennenlernen
Bearbeitet von Hubert Müller

Die Ausgabe enthält Originaltexte aus den Werken Ciceros, die Schülerinnen und Schülern Cicero als Persönlichkeit nahe bringen.
Zugleich ermöglichen sie Einblicke in die gesellschaftlichen und politischen Verhältnisse der ausgehenden römischen Republik. Unterstützt und vertieft wird die Textarbeit durch Sacherläuterungen, Zweittexte, Abbildungen und Aufgaben.
Die Ausgabe eignet sich besonders zum Einstieg in die Cicero-Lektüre.

2: Einstieg in die römische Philosophie
Bearbeitet von Ursula Blank-Sangmeister

Die Original-Textauszüge – vor allem leichte Passagen aus Cicero und Seneca – vermitteln einen ersten Einblick in Fragestellungen der antiken Ethik. Der Wertekanon verschiedener Philosophenschulen bildet den Hintergrund für die Diskussion von Problemen der praktischen Lebensführung: Beziehungen zu Mitmenschen, Umgang mit Gefühlen, Einstellung zu Krankheit und Tod, Bedeutung materieller Sicherheit etc.
Die zentrale Frage lautet: Welche Haltungen und Verhaltensweisen führen zur Weisheit und damit zu einem glücklichen Leben?

3: Cleopatra – eine Frau kämpft
Bearbeitet von Detlef Fechner

Cleopatra ist vielen Schülerinnen und Schülern aus Asterix-Lektüre und aus Hollywood-Filmen ein Begriff; das Bild, das in diesen Medien von ihr vermittelt wird, ist freilich verzerrt und ermöglicht kaum eine ernsthafte Auseinandersetzung mit dieser herausragenden Frauengestalt des Altertums.

Diese Ausgabe versucht sich Cleopatra als einer der mächtigsten und einflussreichsten Frauen der Geschichte auf andere Weise anzunähern. Im Zentrum der Betrachtungen stehen Texte aus Boccaccios *De claris mulieribus*; diese werden ergänzt durch Auszüge aus Caesar, Velleius Paterculus und Eutrop.

Ianua Nova Neubearbeitung (INN)

Lehrgang für Latein als 1. oder 2. Fremdsprache
Herausgegeben von Horst Holtermann und Hans Baumgarten

2., veränderte Auflage

Teil I

Von Helmut Schlüter und Kurt Steinicke. 2., veränderte Auflage 1994.
Neudruck 2000. 168 Seiten mit 59,
z.T. farbigen Abbildungen im Text
und 2 Karten, gebunden; dazu Beiheft (Vokabeln), 44 Seiten, kart.
ISBN 3-525-71404-1

Beiheft Teil I einzeln

ISBN 3-525-71408-4

Lehrerheft zu Teil I

Erläuterungen und Vorschläge für
den Unterricht. Von Hans Baumgarten, Helmut Schlüter und Kurt
Steinicke. 1997. 108 Seiten, kart.
ISBN 3-525-71407-6

Übungsheft zu Teil I

Von Helmut Schlüter und Kurt
Steinicke. 1996. Neudruck 1999.
80 Seiten mit 14 Zeichnungen,
DIN A4, kart., dazu 15 Seiten Lö-
sungsteil. ISBN 3-525-71010-0

Teil II

Von Heinz Papenhoff und Hans
Gappa. 2. Auflage 1994.
136 Seiten mit 51, z.T. farbigen
Abbildungen im Text und 2 Karten,
gebunden; dazu Beiheft (Vokabeln),
24 Seiten, kart.
ISBN 3-525-71405-X

Beiheft zu Teil II einzeln

ISBN 3-525-71409-2

Lehrerheft zu Teil II

Erläuterungen und Vorschläge für
den Unterricht. Von Hans Baumgarten, Heinz Papenhoff und Hans
Gappa. 1997. 80 Seiten, kart.
ISBN 3-525-71012-7

Begleitgrammatik
zu Teil I und Teil II

Von Hans Baumgarten. 2. Auflage
1994. 192 Seiten, geb.
ISBN 3-525-71406-8

Rätsel

zur Ianua Nova Neubearbeitung,
2., veränderte Auflage
Von Jürgen Steinhilber. 1995.
16 Seiten mit einem Lösungsblatt,
kart. ISBN 3-525-71411-4

Ebenfalls lieferbar:
Die Bände der Ianua Nova Neubear-
beitung, 1. Auflage sowie Software-
Trainings- und Übungsprogramme.

Bitte fordern Sie unser Verzeichnis
„Schulbücher. Alte Sprachen"
(Nr. 899149) an.

V&R
Vandenhoeck
& Ruprecht

EXEMPLA

Herausgegeben von Hans-Joachim Glücklich

In der Reihe EXEMPLA erscheinen Ausgaben lateinischer Texte für die Lektüre in der Mittel- und Oberstufe.

Sie sind durchgängig gegliedert und soweit das zum Verständnis nötig ist, mit kurzen Einführungen versehen. Zu allen EXEMPLA-Ausgaben liegen Lehrerkommentare in der Reihe CONSILIA vor.

19: Die schöne Helena

Texte von Hygin, Ovid, Vergil und Seneca. Rezeptionsdokumente aus Musik und Film. Bearbeitet von Hans-Joachim Glücklich. 2000. 96 Seiten mit 6 Abbildungen, kart. ISBN 3-525-71622-2

Haupttext ist der Brief Helenas an Paris (Ovid, *Heroides* 17). Dieser Brief hat einen hohen Aktualitätsbezug und ist insbesondere geeignet das Thema „Emanzipation der Frau" im Lateinunterricht zu diskutieren.

Die Aufgabenstellungen berücksichtigen sowohl die sprachliche Arbeit als auch handlungsbezogene und produktive Rezeption.
Verglichen wird mit Adaptionen in Musik und Film.

1: Catull, Gedichte

Bearbeitet von Hans-Joachim Glücklich. 4., neu bearbeitete und veränderte Auflage 1999. 99 Seiten mit 6 Abbildungen, kart. ISBN 3-525-71624-9

Die Einleitung schildert Catulls Leben und Werk, seine Zeit und sein Nachwirken und zeigt Möglichkeiten des Umgangs mit Dichtung und ihrer Rezeption auf. Sie gibt Hinweise zu Catulls Position zwischen älteren und neueren Vorstellungen von Liebe und Moral, Lebenszielen, Selbstverwirklichung, Rolle der Frau.

Entsprechend vielseitig sind die Begleittexte und Aufgaben gestaltet; sie reichen von zeitgenössischen und griechischen Vergleichstexten bis hin zu modernen Catull-Rezeptionen; es gibt kritische und hymnische Stimmen zum Autor sowie zeitgenössische, historische und moderne Äußerungen zu den in Catulls Gedichten fassbaren Inhalten, Gedanken und Wertungen.

V&R
Vandenhoeck & Ruprecht